财政部规划教材

全国中等职业学校财经类教材

金融产品投资理财

邱桂林 主编

中国财政经济出版社

图书在版编目（CIP）数据

金融产品投资理财/邱桂林主编．—北京：中国财政经济出版社，2010.8
财政部规划教材．全国中等职业学校财经类教材
ISBN 978-7-5095-2423-7

Ⅰ．①金…　Ⅱ．①邱…　Ⅲ．①金融-产品-专业学校-教材　Ⅳ．①F830.9

中国版本图书馆 CIP 数据核字（2010）第 155265 号

责任编辑：张　军　　　　责任校对：张　凡
封面设计：陈　瑶　　　　版式设计：董生萍

中国财政经济出版社出版

URL：http：//www.cfeph.cn
E-mail：cfeph@cfeph.cn

社址：北京市海淀区阜成路甲 28 号　邮政编码：100142
发行处电话：88190406　财经书店电话：64033436
北京中兴印刷有限公司印刷　各地新华书店经销
787×1092 毫米　16 开　9 印张　212 000 字
2010 年 9 月第 1 版　2010 年 9 月北京第 1 次印刷
定价：18.00 元
ISBN 978-7-5095-2423-7/F·1951
（图书出现印装问题，本社负责调换）
本社质量投诉电话：010-88190744

编写 说明

本书是财政部规划教材，由财政部教材编审委员会组织编写并审定，作为全国中等职业学校财经类教材。

进入21世纪以来，作为市场经济改革发展成果重要标志的金融市场取得举世瞩目的成就，尤其是经济的持续、快速发展，使我国居民私人财富迅速积累，伴随着消费、投资观念的改变，越来越多的人注重通过理财来实现资产保值增值，我国的理财市场潜力巨大。十七大报告明确提出“要创造条件让更多群众拥有财产性收入”，这就要求培养一大批金融理财专业人才，基于这个目标，我们编写这套适合中职学生学习的投资理财教材，希望能够为人民生活需要和国家建设贡献一点力量。

本书具有如下几个特点：

1. 创新。本书力求在内容和形式上有所创新，内容上最大的创新在于本书特别注重通过一些哲理故事来揭示和培养学生在理财中应该养成的理财素养和应该掌握的理财技能；其次鉴于中职学生的实际基础，本书将大部分内容集中于介绍我国普通居民个人理财所需知识和技能，而对于较复杂的公司理财和高端理财介绍较少。形式上的创新主要体现在，本书在正文部分穿插“知识问答”、“财富格言”、“财富故事”、“小提示”、“概念解析”、“案例解析”、“小资料”、“小策略”等一些小模块，以增加教材的生动性和趣味性。

2. 实用。由于我国中职教育实行“2+1”培养模式，中职学生在校学习时间大大压缩，因此本书力求做到每一个知识点和每一项操作技能及过程都确保是理财服务过程中存在的、必要的，并且在每一章后面安排了知识训练、技能训练两个模块以帮助读者加深知识学习和技能培养。

3. 通俗。一方面，本书避免繁杂的体系逻辑和深奥的理论，将最需要的知识和技能以最通俗的语言、最简洁的篇幅、最直观的形式呈现在读者面前；另一方面，本书的版面设计也力求生动、形象、有趣，许多流程和操作方法将用简洁的图表、生动的画面等形式来表现。

4. 时效。本书在编写过程中，紧跟目前我国金融市场，尤其是个人理财市场最普遍、最流行的投资产品，同时兼顾理财产品的发展趋势，关注我国金融产品的创新发展。

本书由广东省财政职业技术学校邱桂林主编。具体编写分工为：邱桂林（第1章，第2章第三、四节，第3章，第4章，第6章第二节），梁耀军（第2章第一、二节，第6章第一节），刘星辛（第5章），邱桂林对全书进行修改和总纂。

用书学校任课老师若需要本教材的电子课件，请登录如下网址：http：//www.zgcjjy.com

（或 www. 中国财经教育网 .com），进入“下载专区”即可。

本书在编写过程中，参考了其他有关理财、投资、金融等方面的论文、教材和著作。这些资料对本书有极大的帮助，在此谨向这些资料的作者表示诚挚的感谢！

由于编写时间仓促，编者水平有限，错漏之处在所难免，恳请读者批评指正。

编　者

2010 年 6 月

目 录

第1章

投资理财素养

学习目标

- □ 了解并养成正确的理财观念
- □ 了解理财产品及理财手段

财富故事

聪明的老人

在古印度有一个国王，他拥有超人的权力和巨大的财富。但权力和财富最终使他对生活感到厌倦。他渴望着新鲜的刺激。有一天，来了一位老人，他带着自己的发明——国际象棋——来朝见国王。国王非常喜欢，就和老人对弈起来，一连下了三天三夜。到了第四天早上，国王感到非常满足，就对老人说道：“你给了我无穷的乐趣。为了奖赏你，我现在决定，你可以从我这儿得到你所要的任何东西。”的确，这位国王是如此富有，难道还有什么要求不能满足吗？但是老人却回答说：“万能的王啊，你虽然是世界上最富有的人，恐怕也满足不了我的要求。”国王不高兴了，他皱起了眉头，严厉地说道：“说吧，哪怕你要的是半个王国。”于是，老人就说出了自己的要求：“请大王下令在棋盘的第一格上放一粒小麦，在第二格上放两粒小麦，在第三格上放四粒，第四格上放八粒，就这样每次增加一倍，一直到第六十四格为止。”“可怜的老人，你的要求就这么一点点吗？”国王不禁笑了起来。他立即命人去取一袋小麦来，按照老人的要求数给他。但是一袋小麦很快就放完了。国王觉得有点奇怪，就命人再去取一袋来，接着是第三袋、第四袋……小麦堆积如山，但是离第六十四格还远得很，直到国库里的小麦已经搬光了，还到不了棋盘上的第五十格。

这个故事说明了什么道理？

提示：这个故事揭示一个道理，当某一现象成指数增加时，其结果就像天文数字，如果把它运用到投资理财领域，则当我们的投资能在每一个时期保持一定比率增长时，若干年后，我们的财富将可能暴增数百上千倍。

第一节 理财素养

【财富格言】**“时间就是金钱”。**

一、理财观念

思想是行动的先导。投资理财必须首先树立正确的理财观念，这既是理财的开始，也会让理财少走弯路、提高效率。

第一，理财要趁早，不要嫌钱少。

由于资金时间价值的存在，越早理财，财富的增长规模越大。投资领域有一个著名的“七十二法则”：1%复利计息，72年后本金翻倍，以此类推：5%复利计息，72/5 = 14.4年后本金翻倍；10%复利计息，72/10 = 7.2年后本金翻倍；20%复利计息，72/20 = 3.6年后本金翻倍。相同的道理，$(1+10\%)^{10}=2.5937$，即按每年收益率10%计算，10年后本金变为2.6倍；依次有：$(1+20\%)^{10}=6.1917$；$(1+10\%)^{20}=6.7275$；$(1+20\%)^{20}=38.3376$；$(1+10\%)^{30}=17.4494$；$(1+20\%)^{30}=237.3763$；$(1+10\%)^{40}=45.2593$；$(1+20\%)^{40}=1\,469.7716$。这就意味着，如果从现在开始投资1万元，并且保持20%的年收益率，40年后财富将增长为1 470万元，多么令人振奋。

名词解释

资金时间价值：是指当前所持有的一定量货币比未来获得的等量货币具有更高的价值，也叫货币的时间价值。同理，要保持同等价值，则未来货币量必然多于当前货币量。

第二，理财不仅是有钱人的游戏—— 薪水致富并非遥不可及。

中国有句老话“吃不穷、穿不穷，算计不周就受穷”。这里所说的算计，实际上就是理财。只要我们善于算计、善于理财，薪水族也能变成千万富翁。如果不善算计、不去理财，则月入万元仍受穷。

第三，投资理财不是专家的专利——生活、学习、工作处处有理财。

事实上，理财本身就是一种生存能力，是人生未来幸福的关键。有人曾说过“在孩子的心灵深处播下理财的种子，他们早晚会成为企业家”。因此，不夸张地说，从孩提时代开始的整个一生都存在理财，都要学习理财，小时候的理财游戏会成就日后的财富人生。在我们的生活中，未来职业选择、子女及自身教育、购房、保险、医疗、养老、遗产和继承以及个人必须面对的各种税收等都需要我们勤于算计、善于打理，才能使我们不断提高生活品质的同时，也能保持生活水准，最终达到终生的财务安全和生活幸福。

第四，投资需要毅力和耐力，需要百折不挠、永不放弃。

大海中航行的船，没有不受伤的。同样，理财和追求财富也会有挫折，在这条道路上没有任何的捷径和退路，只有在屡遭挫折中坚强地挺住，不断前进，才能赢得财富。

二、理财习惯

财富故事

习惯的力量

在一次诺贝尔奖的颁奖典礼上，一位记者问获得诺贝尔奖的一位老者："你在哪所大学或哪个实验室收获最大？"老者的回答出人意料："在幼儿园里！"原来，这位老者在幼儿园时，通过老师和同学们的帮助，养成了乐于助人、诚实勇敢的品质，以及良好的作息习惯和敏锐的观察力，这些为他后来登上诺贝尔领奖台奠定了坚实的基础。

（资料来源：周一，《奔奔族理财》，清华大学出版社2007年版。）

1. 记账。搞清楚你的钱每天、每周、每月都流向哪里 。其实普通人记账要求并不高，简单的流水账也能帮助你知晓自己的消费支出。

2. 正确的生活与消费习惯（节俭与预算）。

（1）打好"穿"的小算盘：①利用率高的衣服才值得买，买衣服尽量要买必需的、经典的，并注意与已有的服装搭配；②多买一些有特色的小配饰；③不要被商家迷惑。

（2）"吃"得有讲究：①零食开销要控制；②垃圾食品要节制；③应酬与聚餐有讲究；④不要贪图小便宜，小心过了保质期。

（3）"住"得有技巧：①合租；②找离市中心稍远的房源；③反季节出手；④租房不追求房型、装修及电器。

（4）"行"得有计划：①公共交通工具是个宝；②选择"拼车"；③准确把握时间；④善用各种交通优惠措施；⑤熟悉交通路线并关注交通状况。

（5）其他消费习惯：①巧用手机电话卡，关注话费优惠政策；②戒掉不良嗜好，如抽烟、酗酒；③充分利用网络购物、网银支付。

3. 锻炼身体。青春和健康是最大的财富。

4. 定期储蓄（强制）。储蓄是走向财富原始积累的第一步，也是理财的第一步。

5. 关心时事。坚持收听、收看新闻，尤其关注财经新闻。

6. 学习。要想把财理好，就要养成学习理财知识的习惯。学习理财知识，丰富自己的头脑，就可以让自己少走很多弯路。

7. 用钱去投资，而不是抱着钱睡大觉。货币只有在运动中才能增值。

8. 坚守理财纪律。在追求财富的道路上，我们面临着各种各样的诱惑，遵守理财纪律才能成功。

9. 珍惜身边的朋友，经营人际关系，多一点团队与合作精神。当今社会是一个共同合作发展的社会，很多成功者都是通过合理地利用人脉资源而成功的。

财富故事

牛贩子的故事

有一个牛贩子，一大早去牛市上准备批发十头牛。直到半夜，他才无精打采地回来。老婆忍不住骂道："怎么到现在才回来？牛呢？"牛贩子小声嘀咕道："牛买了，只不过走到半路看到有掷骰子的，我忍不住去掷了两把。"老婆大惊，连忙问："结果呢？""结果输了一头牛。"老婆放心了，又问："那其他的九头呢？"牛贩子说："想要翻本，其他的几头又都输掉了。"

（资料来源：《证券理财理念教养》，吉林大学出版社 2007 年版。）

三、财富人生

从生理角度而言，人的一生在不同的阶段有着截然不同的特点和表现，"斯芬克斯之谜"——"早上四只脚、中午两只脚、晚上三只脚"很好地诠释了人生不同阶段的这种差异。其实，人的不同阶段在学习、工作、收入等方面同样有着截然不同的特征。因此，从理财的角度而言，各个阶段的重点和策略也是大有不同。我们可以按照理财差异将人的一生清晰地划分为成长求学期（工作前）、工作期和退休晚年期。由于工作期通常来说是人生中最长、最重要的阶段，因而我们可以将工作期进一步划分为五个细分阶段：（1）单身青年才俊；（2）新婚人士；（3）为人父母；（4）阅历渐丰，事业有成；（5）大势已定准备退休。

（一）成长求学期

上学之前的婴幼儿、儿童时期，我们主要是通过向身边的人尤其是父母学习，虽然"三岁定终身"的古语有夸张的成分，但其孩提时养成的生活习惯对以后的巨大影响诠释是让人信服的。因此，理性的父母应在日常养育小孩的过程中，通过一些游戏的方式向孩子灌输一些理财知识和习惯。

踏入校门后，我们的思想和行动的主动性逐渐增强，受影响的因素增多了，学习的渠道也逐渐拓宽。这一阶段虽然我们属于纯消费者，手头不会有太多的余钱，但并不代表无财可理。这一阶段的理财重点在以下几个方面：（1）适度消费，培养正确的消费习惯；（2）学会管理属于自己的零用钱；（3）培养良好理财习惯，注意生活中的点滴积累；（4）积极参加社会实践、体会挣钱感受。

（二）工作后的理财策略

走出校门、踏入社会，我们开始独立，收入开始增多，到事业有成、生活稳定，直至年过半百、准备退休，近 40 年的时间里，无疑是理财的黄金时期。

1. 单身青年才俊。这一阶段收入可能不高，但负担也不重，正是理财好时机，此时的理财重点包括：（1）系统学习专业理财知识，了解和掌握常用理财工具；（2）强制自己定期储蓄，积累原始资本；（3）小额投资，分步投资，练习投资技术。

2. 新婚人士。结婚后，我们不再居无定所，变得忙碌、充实、更加负责。此时，我们的支出可能急速上升，每一项大事都必须详细筹划：（1）设定目标，分配资源；（2）做好预算，建立理财大计；（3）小心用钱，量入为出；（4）夫妻协调，相互配合。

3. 为人父母。这一阶段，我们开始步入“上有老、下有小”的阶段，负担进一步加重，孩子的抚养和教育是重中之重，必须从孩子一出生就开始做好规划：（1）控制消费，量入为出；（2）建立子女教育基金；（3）以身作则，给子女理财教育；（4）购买保险，以备应急。

4. 事业有成。这段时期，财富稳定增长，阅历丰富，生活经验尤其投资经验积累到一定的程度，但身体自然条件开始走下坡路，因此工资收入可能开始减少，此时应该想办法增加投资性收益：（1）增加投资，以钱生钱；（2）开始规划退休生活。

（三）退休后的老两口理财策略

许多人认为，这一阶段应该安度晚年，尽享天伦，万事看淡，还折腾什么。其实不然，老俩口同样可以为自己的生活作主，过得更精彩、更丰富。为此理财同样不能少，重点包括以下方面：（1）规划并实施退休生活；（2）谨防“陷阱”；（3）善用退休金；（4）善用投资收入；（5）做好税务规划及资产传承规划；（6）充分利用各种保险。

第二节 理财概述

一、投资理财

【财富格言】**“你不理财，财不理你。”**

（一）理财的含义

“理财”一词，在我国最早见诸于20世纪90年代初期的报端。随着我国股票债券市场的扩容，经济活动的日趋丰富和市民总体收入的逐年上升，“理财”概念逐渐升温。一般人谈到理财，想到的不是投资，就是赚钱。实际上理财的范围很广，理财是理一生的财，也就是个人一生的现金流量与风险管理。

概括地说，理财多指对个人或家庭资产，在制定符合自身状况的各阶段财务规划的基础上，通过应用特定财税工具、金融工具等方式，最终实现“财务自由”的目标。

可以看出，理财至少包括以下含义：

1. 理财是理一生的财，不只是解决燃眉之急的金钱问题。

2. 理财是现金流量管理，每个人一出生就需要用钱（现金流出），也需要赚钱来产生现金流入。因此不管现在是否有钱，每个人都需要理财。

3. 理财也涵盖了风险管理。因为未来的观念流量具有不确定性，包括人身风险、财产风险与市场风险，都会影响到现金流入（收入中断风险）或现金流出（费用递增风险）。

（二）理财的手段

从投资方向上看，个人理财品种大致可以分为个人资产品种和个人负债品种，共同基金、股票、债券、存款和人寿保险等属于个人资产品种，而个人住房抵押贷款、个人消费信贷则属于个人负债品种。

随着国家一系列财经政策的逐步实施到位，为投资理财市场开辟了更为广阔的发展空间，个人投资理财可谓热点众多，归纳起来主要有十个方面：

1. 黄金。自从中国银行在上海推出专门针对个人投资者的"黄金宝"业务之后，炒金一直是个人理财市场的热点，备受投资者的关注和青睐。特别是近两年，国际黄金价格持续上涨。可以预见，随着国内黄金投资领域的逐步开放，未来黄金需求的增长潜力是巨大的。特别是在2004年以后，国内黄金饰品的标价方式将逐渐由价费合一改为价费分离，黄金饰品5%的消费税也有望取消，这些都将大大地推动黄金投资量的提升，炒金业务也必将成为个人理财领域的一大亮点。

2. 基金。自1997年首批封闭式基金成功发行至今，基金一直备受国内个人投资者的推崇，成为投资理财众多看点的重中之重。许多投资者们十分看好基金的收益稳定、风险较小等优势和特点，希望能够通过基金的投资获得理想的收益。

3. 股票。股市的最大特点就是不确定性，机会与风险是并存的。因此，投资者应保持谨慎态度，看准时机再进行投资。

4. 国债。如今国债品种丰富，使广大投资者能有更多的选择。国家对国债发行方式也进行了新的尝试和改革，进一步提高了国债发行的市场化水平，以尽量减少非市场化因素的干扰。国债的这一系列创新之举，必将为投资者们带来更多的投资选择和更大的获利空间。

5. 储蓄。多年来，储蓄作为一种传统的理财方式，早已根深蒂固于人们的思想观念之中。一项调查表明，大多数居民目前仍然将储蓄作为理财的首选。尤其是利率上升时期，储蓄额显著增加，储蓄这一传统理财方式仍然是理财热点。

6. 企业债券。企业可转换债券、浮息债券、银行次级债券等都是人们重要的投资品种。

7. 外汇。近年来由于美元汇率的持续下降，越来越多的人通过个人外汇买卖，获得了不菲的收益，也使汇市一度异常火爆。各种外汇理财品种也相继推出，如商业银行的汇市通、中国银行和农业银行的外汇宝、建设银行的速汇通等，供投资者选择。

8. 保险。与一般保险产品相比，收益类险种一经推出，便备受人们追捧。收益类险种一般品种较多，不仅具备保险最基本的保障功能，而且能够给投资者带来不菲的收益，可谓保障与投资双赢。

9. 房地产投资。近年来，房地产市场的持续火爆使众多个人投资者对房地产投资也开始跃跃欲试。先进入房地产投资领域的投资者早已赚得盆满钵满，加大了财富的示范效应。当然，房地产市场投资门槛较高，因此投资者应该量力而行。

10. 收藏品投资。随着人们对收藏专业知识越来越了解，收藏品在近些年也开始步入寻常百姓家，如像章、字画、古董、邮票、珠宝、钱币、艺术品等五花八门。虽然有些收藏品的投资需要相当深的历史、文学、艺术等专业知识和丰富经验，但也有许多藏品适合普通投资者投资，如现代发行的钱币、纪念币、陶瓷、工艺美术作品等。

本书所探讨的理财主要是指前八个方面。

二、金融理财产品

金融理财的实质就是金融机构或专业的理财人员通过对客户个人的财产和收入在金融市场上对金融产品进行配置和操作，使其保值增值。

金融市场是通过金融产品的交易实现资金融通的场所和机制，包括各类金融机构、金融工具和金融交易活动。金融市场的含义包括三个方面：一是金融产品进行交易的有形或无形场所；二是反映金融产品的供求关系；三是包含了金融产品交易过程中形成的运行机制。

金融产品是资金融通过程中的各种载体，包括货币、黄金、外汇、有价证券及其衍生产品如期货、期权等，它有四个基本特征：偿还期限性、流动性、风险性、收益性。金融产品按照不同的标准，可以进行不同的分类：

- 按期限长短，可分为货币市场工具和资本市场工具；
- 按融资形式，可分为直接融资工具和间接融资工具；
- 按当事人所享受的权利和所承担的义务，可分为债券凭证和所有权凭证；
- 按与实际信用活动的相关性，可分为原生金融工具和衍生金融工具。原生金融工具主要有商业票据、债券和股票等，衍生金融工具主要包括期货、期权和互换等。

知识训练

1. 单利：按照固定的本金计算的利息。

特点：对已过计息日而不提取的利息不计利息。

计算公式：$C=P\times i\times n$　　$S=P\times(1+i\times n)$

式中，C为利息额，P为本金，i为利息率，n为期限，S为本金和利息之和（简称本利和，下同）。

请计算：一项存款为单利年利率为2.50%，数额为1万元，如果选择存两年，那么两年后的本利和是多少？

2. 复利的计算是对本金及其产生的利息一并计算，也就是利上有利。

复利计算的特点是：把上期末的本利和作为下一期的本金，在计算时每一期本金的数额是不同的。

复利终值是指本金在约定的期限内获得利息后，将利息加入本金再计利息，逐期滚算到约定期末的本金之和，其计算公式是：$S=P(1+i)^n$（表示n次方）

请计算：一项存款为复利年利率为2.50%，数额为1万元，如果选择存两年，那么两年后的本利和是多少？

3. 复利现值是指在计算复利的情况下，要达到未来某一特定的资金金额，现在必须投入的本金。

王先生计划5年后买一辆价值10万元的家用轿车，因此打算购入一定数额某金融资产，假定该金融资产的预期年收益率为10%，请为王先生计算现在应该投入多少本金？

技能训练

实训项目	投资理念和投资习惯分析与自我评价
实训任务	1. 要求同学们搜集国内外著名投资大师的投资理念和投资习惯； 2. 将同学们分为若干组，每组3～5人，要求同学们列出自己的生活和消费习惯，每位同学由同组其他同学从理财角度评价其习惯的科学性和合理性。
实训目的	转变学生投资理念，养成良好投资、消费习惯。
条件要求	无。
资料准备	1. 给学生提供国内国际著名投资专家的姓名； 2. 向学生提供主要的财经网站网址。
考核要求	完成无纸化实训报告，做好PPT汇报材料。
实训过程提示	1. 说明本次实训的任务与目标； 2. 说明实训报告填写的基本框架； 3. 提示学生搜集资料的主要途径； 4. 对学生进行分组，要求每组指定一名同学将该组同学搜集的投资理念和自己的投资习惯做好书面准备，并以电子版（如word文档或ppt演示稿）的形式做好上讲台汇报准备； 5. 组织、指导学生实训； 6. 每组派一名代表说明投资领域一些著名的投资理念，介绍评价本组同学的生活和消费习惯。
实训报告	

第2章 银行产品

学习目标
- ☐ 了解存款种类，掌握利用不同存款组合达到理财效果的技巧
- ☐ 了解贷款种类，掌握信用卡贷款、个人住房贷款等贷款政策、成本利息核算
- ☐ 了解银行理财产品种类，掌握不同银行理财产品的投资技巧
- ☐ 掌握外汇、黄金投资策略

银行作为最主要的金融机构和金融中介，其业务范围越来越广泛，服务形式越来越新颖，在积极挖掘传统存贷业务客户的同时，个人金融业务方面也高速蓬勃发展，开发出许多适合个人和家庭投资的理财产品，为个人和家庭资产保值增值提供了更加丰富的选择。

第一节 存　款

【财富格言】**"不要轻视小钱，存款理财让你小钱变大。"**

财富故事

老妇人的故事

在很久以前，有一个老妇人，她每天煮饭的时候，总是从锅里抓一把米出来，放到一个特备的米缸中。有人讥笑过她这种行为，但她不以为然，依然故我。

过了不久发生了灾害，地里粮食严重歉收，很多人家都揭不开锅了。但这位妇人家由于有一个特备的米缸，得以熬过了饥荒。

这个故事说明了什么道理？

提示：这个小故事涉及了人们耳熟能详的道理："积谷防饥"、"以丰补歉"。

随着经济的发展，人们的收入逐步提高。对于每月的收入，人们除了满足当前的生活消费外，剩下的就储蓄起来，以备不时之需。为了使得自己的储蓄保值增值，人们会进行适当的投资理财，如存款储蓄，购买股票、债券和保险等。与股票、债券相比，储蓄存款安全性高，存取方便，因而成为人们最常用的一种理财方式。

储蓄存款就是指城乡居民将暂时不用或结余的货币收入存入银行或其他金融机构的一种存款活动。储蓄机构对存款支付利息，个人凭储蓄机构开具的存折、存单或其他存款凭证向储蓄机构支取本金和利息。

一、储蓄机构和存款原则

在我国，吸收储蓄存款的机构主要是各类商业银行。商业银行是以经营存款、贷款，办理转账结算为主要业务，以赢利为主要经营目标的金融企业。我国的商业银行体系由全国性国有商业银行、全国性股份制商业银行、地方性商业银行、外资银行等组成。除了国内的银行，随着我国金融领域的开放，部分外资银行也可以开展个人业务，吸收人民币存款。

小资料

我国商业银行的分类

- 全国性国有商业银行有五家：中国工商银行、中国农业银行、中国银行、中国建设银行、中国邮政储蓄银行。
- 全国性股份制商业银行有十家：交通银行、深圳发展银行 、广东发展银行、中信实业银行 、上海浦东发展银行 、华夏银行 、招商银行 、兴业银行、光大银行、民生银行。
- 地方性商业银行包括各地的城市商业银行，如北京银行、上海银行、广州商业银行等。
- 外资银行包括花旗银行、汇丰银行、恒生银行、渣打银行、荷兰银行、东亚银行等。

请你查询上述银行的标志。

商业银行办理个人储蓄存款业务，应当遵循“存款自愿、取款自由、存款有息、为存款人保密”的原则。

二、存款实名制

根据我国法律规定，个人在金融机构开立个人存款账户时，必须出示本人有效身份证件，并使用该证件上的真实姓名，这种制度称为存款实名制。

个人存款账户是指个人在金融机构开立的人民币、外币存款账户，包括活期存款账户、定期存款账户、定活两便存款账户、通知存款账户以及其他形式的个人存款账户。有效身份证件是指符合法律、行政法规和国家有关规定的身份证件。不出示本人身份证件或者不使用本人身份证件上的姓名的，金融机构不得为其开立个人存款账户，否则，金融机构及其工作人员必须承担相应的法律责任。

个人存款账户实名制规定的有效身份证件有：

1. 居住在中国境内 16 周岁以上的中国居民，为身份证、户口簿、护照；居住在中国境内 16 周岁以下的中国居民，为户口簿；中国籍的华侨可以是中国护照。

2. 军人，为军人身份证件；人民武装警察，为人民武装警察身份证件。

3. 香港、澳门居民，为港澳居民往来内地通行证；台湾居民，为来往大陆通行证或其他有效旅行证。

4. 外国公民为护照。

5. 法律规定的其他有效身份证件。

相关链接

办理下列个人业务您需要提交有效身份证件：

（1）开立个人银行结算账户（活期储蓄账户）、储蓄账户、银行卡账户；

（2）大额现金取款，单笔在 5 万元（不含）以上的现金取款；

（3）大额款项转账、现金存款，10 万元（含，下同）以上的转账收入、转账支出、现金存款等大额款项转移；

（4）代为他人办理取款业务、大额存款、大额转账；

（5）办理挂失、挂失撤销、查询、冻结、止付；

（6）购买记名式国债、基金、保险等银行代理的有价证券；

（7）办理定期存款提前支取；

（8）办理个人存款证明、速汇通现金汇款或 10 万元（含）以上账户转出汇款、储蓄存款异地托收业务。

三、存款种类

随着经济发展和银行业务内容的丰富和细化，存款产品的种类也越来越多，这些存款产品大致可以分成两个基本类别：活期存款和定期存款（见图 2－1）。

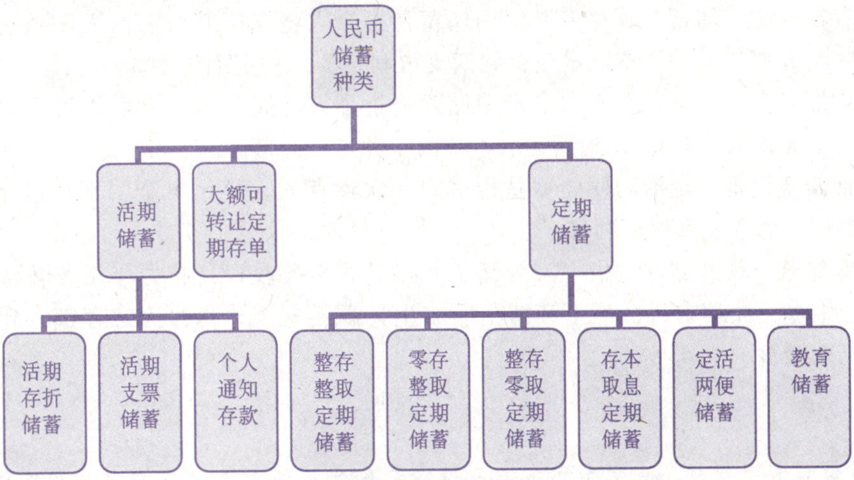

图 2－1　存款种类

（一）活期储蓄

活期储蓄指不规定期限，可以随时存取、存取金额不限的一种个人存款。活期储蓄的特点是灵活方便、存取频繁、适应性强，利率较定期储蓄低。这种储蓄适合于个人生活待用款和暂时不用的存储。

活期储蓄存款品种按其存取方式可以分为活期存折储蓄、活期支票储蓄、个人通知存款。

1. 活期存折储蓄。活期存折储蓄是以存折作为信用凭证的活期存款方式，是最常见的活期储蓄形式。

2. 活期支票储蓄。活期支票储蓄是以个人信用为保证，凭活期支票在支票账户中支取款项的一种活期储蓄。随着信用卡业务的发展，活期支票储蓄的市场已逐步被信用卡占领。

3. 个人通知存款。个人通知存款是一种存款人在存入款项时不约定存期，支取时需提前通知银行，约定支取日期及金额的储蓄存款方式。根据通知期的不同，分为 1 天通知储蓄存款、7 天通知储蓄存款两个品种。

小资料

客户在开立活期存折储蓄账户时，可以同时申请办理储蓄卡。储蓄卡（转账卡）是以活期存折为基本账户，具有存取款、转账和购物消费功能的银行卡。它不可以透支。一般每个活期存折只允许开一个储蓄卡，其功能包括存取款、卡与卡转账、余额查询、修改密码、POS 机消费等。储蓄卡对卡自身挂失、冻结、解挂、解冻，不影响基本账户的使用。

（二）定期储蓄存款

1. 整存整取定期储蓄。整存整取定期储蓄是指个人将属于其所有的人民币存入银行储蓄机构，约定存期，整笔存入，储蓄机构开具存单作为凭证，到期一次性支取本息的一种储蓄存款。

2. 零存整取定期储蓄。零存整取定期储蓄是指个人将属于其所有的人民币存入银行储蓄机构，每月固定存额，集零成整，约定存款期限，到期一次支取本息的一种定期储蓄。

3. 整存零取定期储蓄。整存零取定期储蓄是指个人将属于其所有的人民币一次性存入较大的金额，分期陆续平均支取本金，到期支取利息的一种定期储蓄。

4. 存本取息定期储蓄。存本取息定期储蓄是指个人将属于其所有的人民币一次性存入较大的金额，分次支取利息，到期支取本金的一种定期储蓄。

5. 定活两便储蓄。定活两便储蓄是指客户一次性存入人民币本金，不约定存期，支取时一次性支付全部本金和税后利息。

6. 教育储蓄。教育储蓄是指个人为其子女接受非义务教育（指九年义务教育之外的全日制高中、中专、大学本科、硕士和博士研究生）积蓄资金，每月固定存额，到期支取本息的一种定期储蓄。

相关链接

活期储蓄利率低，不宜保留过多，一般保留 6 个月到 1 年左右的生活费作为活期存款比较适宜。

“滚雪球”的存钱方法：可以每月将家中余钱存一年定期存款。一年下来，手中正好有 12 张存单。这样，不管哪个月急用钱都可取出当月到期的存款。如果不需用钱，可将到期的存款连同利息及手头的余钱接着转存一年定期。

（三）大额可转让定期存单

大额可转让定期存单是由商业银行发行的固定面额、固定期限、可以转让的大额存款凭证。发行对象包括个人和企事业单位。各商业银行的储蓄机构只能对个人发行大额可转让定期存单。大额可转让定期存单无论单位或个人购买均使用相同式样的存单，分为记名和不记名两种。对城乡居民个人发行的大额可转让定期存单，面额为 1 万元、2 万元、5 万元；对企业、事业单位发行的大额可转让定期存单，面额为 50 万元、100 万元、500 万元。存单期限共分为 3 个月、6 个月、12 个月（1 年）三种期限。它与整存整取定期储蓄基本相同，不同的是，大额可转让存单可以转让，但不能提前支取，也不分段计息，到期一次还本付息，不计逾期息。

存单持有人可以委托经营证券交易业务的金融机构办理大额可转让定期存单的转让业务。大额可转让定期存单采用背书方式转让，转让次数不限，转让必须为全额转让。

小资料

我国银行开办的外币储蓄币种包括港币、英镑、加拿大元 、美元 、瑞士法郎 、澳大利亚元 、欧元 、日元。

外币存款分为现汇账户和现钞账户，储蓄存款品种包括活期存款、定期存款、通知存款，定期存款按期限分为 1 个月、3 个月、6 个月、1 年、2 年五个档次。

第二节 贷　　款

财富故事

小心你的贷款被“全额计息”

在合资公司工作的李小姐一家曾在一次外出旅游时刷信用卡消费了 33 212.23 元，还款时没注意只还了 33 200 元，少还了 12.23 元。过了一段时间，收到账单时，李小姐发现需还欠款利息 600 多元。

李小姐致电该行，才了解到还款的利息不是按照 12.23 元来算的，而是按照全部消费金额 33 212.23 元计算。从这笔消费发生日起收取每日万分之五的利息，也就是说那 33 200 元虽然已按时还了，但仍然被收取了高额利息。按照这样的算法，差一分钱没还就等于所有的钱没还。

李小姐的经历不少人都曾经碰到过，它警示我们千万管好你的信用卡，在充分利用免息期的同时，记得按期足额还款，以免造成不必要的损失。

值得欣喜的是，在国内，中国工商银行已经率先叫停信用卡逾期还款全额计息规定，即如果持卡人部分还款，只收取未还款部分的利息。此外，招行、建行、民生银行等对于罚息有所宽限，规定对于 10 元以内未偿还的透支额可视作还清，不再全额罚息。

一、贷款及其种类

个人贷款是指银行、财务公司等金融机构向个人发放的用于满足其各种资金需求的贷款。商业银行是目前开展个人贷款的主要机构，个人贷款业务属于商业银行贷款业务的一部分。个人的贷款可以分为信用卡贷款、抵押贷款和无担保贷款三大类（见图2－2）。其中，住房类贷款和汽车贷款是我国商业银行个人贷款业务的主要构成部分。

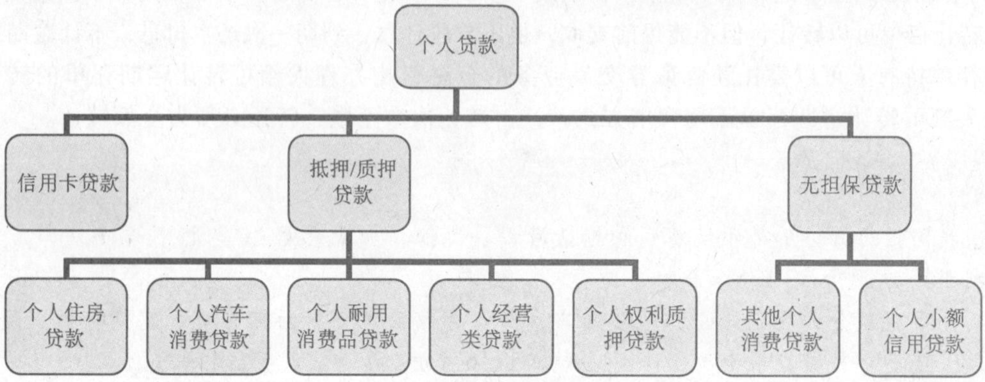

图2－2　个人贷款种类

（一）信用卡贷款

信用卡是商业银行面向社会公众发行的，凭以向特约单位购物、消费和向银行存取现金，具有消费信用、转账结算、存取现金等功能的银行卡。信用卡与其他结算工具相比，突出之处是具有消费信用功能，消费者可以通过透支用明天的钱来改善当下的生活。持卡人的透支形成了信用卡贷款。

个人信用卡贷款的特点是门槛较低、贷款额小、办理手续便捷。一般个人信用卡单笔透支的金额2万元人民币以下，透支时无需申请，但利息较高，透支利息是利滚利，受期限限制，平均年息高达18.25%。

（二）个人住房贷款

1. 个人住房（按揭）商业性贷款。个人住房商业性贷款是银行信贷资金所发放的自营贷款，指具有完全民事行为能力的自然人，购买本市城镇自住住房时，以其所购产权住房为抵押物，作为偿还贷款的保证而向银行申请的住房商业性贷款。

2. 个人住房公积金贷款。个人住房公积金贷款是政策性的住房公积金所发放的委托贷款，指缴存住房公积金的职工，在本市城镇购买、建造、翻建、大修自住住房时，以其所拥有的产权住房为抵押物，作为偿还贷款的保证而向银行申请的住房公积金贷款。

3. 个人住房组合贷款。凡符合个人住房商业性贷款条件的借款人同时缴存住房公积金，在办理个人住房商业性贷款的同时还可向银行申请个人住房公积金贷款，即借款人以所购本市城镇自住住房作为抵押物可同时向银行申请个人住房公积金贷款和个人住房商业性贷款（这种贷款方式简称个人住房组合贷款）。

（三）个人汽车消费贷款

个人汽车消费贷款是指银行向借款人发放的用于购买汽车的个人贷款。

（四）个人耐用消费品贷款

个人耐用消费品贷款是指贷款银行向借款人发放的，用于支付其购买耐用消费品的人民币贷款。其中，耐用消费品一般是指单价在 2 000 元以上，正常使用寿命在两年以上的家庭耐用商品（住房、汽车除外）。

个人耐用消费品贷款的贷款期限一般在半年到两年，最长不超过三年；同时需提供贷款银行认可的财产抵押、质押或第三人保证方式作为贷款担保条件；贷款利率按照中国人民银行规定的同期同档次贷款利率执行，一般没有利率优惠。

（五）其他个人消费贷款

其他个人消费贷款是指银行或其他金融机构采取信用方式，以货币形式（住房、汽车、耐用消费品除外）向个人消费者提供的信用。这类消费贷款包括个人短期信用贷款、个人旅游贷款、国家助学贷款等。

国家助学贷款是指中国建设银行向中华人民共和国境内的（不含香港和澳门特别行政区、台湾地区）高等学校中经济确实困难的全日制普通本、专科生（含高职生）、研究生和第二学士学位学生发放的，用于支付学费、住宿费和生活费用的人民币贷款。

（六）个人小额信用贷款

个人小额信用贷款指商业银行面向特定的优质存量客户以其多年积累的良好信用记录或稳定收入为依据给其授予的小额信用贷款额度。

（七）个人权利质押贷款

个人权利质押贷款是指借款人以本人或其他自然人的未到期本外币定期储蓄存单、凭证式国债和商业银行认可的其他权利出质，由商业银行按权利凭证票面价值或记载价值的一定比例向借款人发放的人民币贷款。

（八）个人经营类贷款

个人经营类贷款是指商业银行对个人发放的用于借款人从事合法生产经营活动所需资金周转的人民币担保贷款，如建设银行的个人助业贷款、民生银行的“一桶金”小企业主经营贷款等。

小资料

个人抵押贷款是指贷款银行以自然人或第三人提供的、经贷款银行认可的、符合规定条件的财产作为抵押物而向个人发放的贷款。当借款人不履行还款义务时，贷款银行有权依法以该财产折价或者以拍卖、变卖财产的价款优先受偿。

根据《中华人民共和国担保法》（以下简称《担保法》）的规定，下列财产可以抵押：(1) 抵押人所有的房屋和其他地上定着物；(2) 抵押人所有的机器、交通运输工具和其他财产；(3) 抵押人依法有权处分的国有的土地使用权、房屋和其他地上定着物；(4) 抵押人依法有权处分的国有的机器、交通运输工具和其他财产；(5) 抵押人依法承包并经发包方同意抵押的荒山、荒沟、荒丘、荒滩等荒地的土地使用权；(6) 依法可以抵押的其他财产。

二、贷款的基本内容

（一）贷款的流程和手续

个人贷款一般可以向银行的信贷部门申请，有的银行专门设置个人信贷部，作为受理和管理个人贷款业务的部门。

1. 个人贷款一般办理流程如图 2－3 所示。

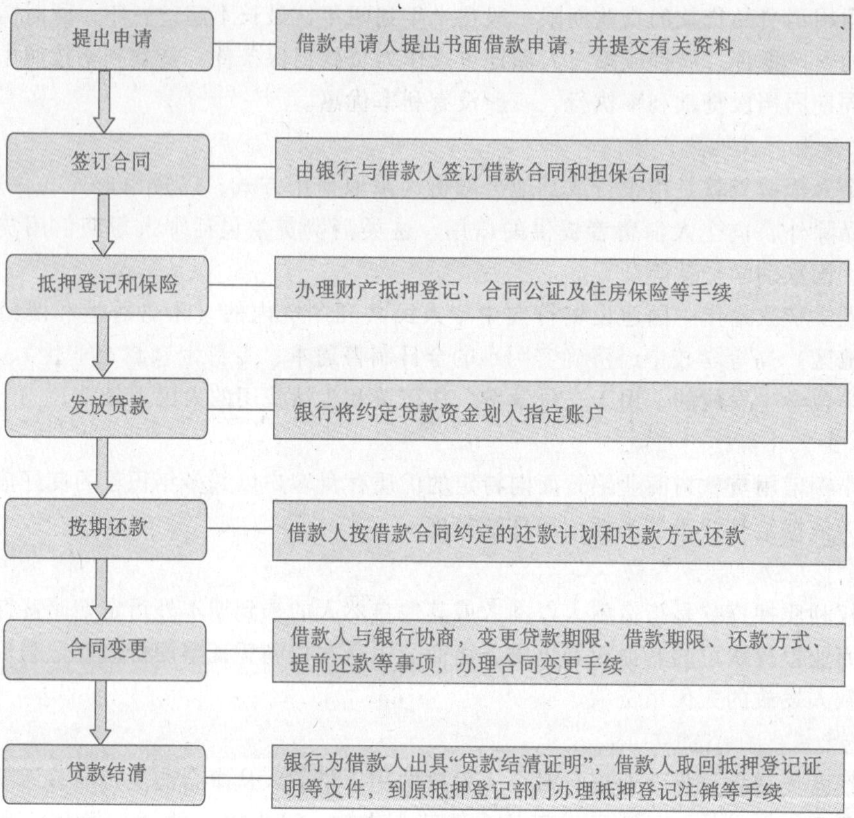

图 2－3　个人贷款流程

2. 提前还款与期限调整。

● 提前还款是指借款人具有一定偿还能力时，主动向贷款银行提出部分或全部提前偿还贷款的行为：提前还款包括提前部分还款和提前结清两种方式。银行对于提前还款一般有以下规定：（1）借款人应向银行提交提前还款申请书；（2）借款人的贷款账户未拖欠本息及其他费用；（3）提前还款属于借款人违约，银行将按规定计收违约金；（4）借款人在提前还款前应归还当期的贷款本息。

● 期限调整是指借款人因某种特殊原因，向贷款银行申请变更贷款还款期限，包括延长期限和缩短期限等。延长期限即展期，银行通常规定每笔贷款只可以展期一次，展期期限不得超过一年，展期之后全部贷款期限不得超过银行规定的最长期限。对于借款期限的调整，银行一般有以下的规定：（1）贷款未到期；（2）无拖欠利息；（3）无拖欠本金；（4）本期本金已偿还。

（二）个人贷款申请人的条件

个人贷款申请人的条件是：

1. 年满 18 周岁，一般为 18 ~ 60 周岁，具备完全民事行为能力；

2. 有固定职业和稳定收入、有当地户籍或在当地长期居住。

（三）办理个人贷款需要提交的材料

1. 申请个人贷款需要提交的基本材料包括：

（1）《贷款申请书》；

（2）身份证件复印件：居民身份证、军官证、士兵证、港澳台通行证、外国护照；

（3）财力证明文件，如银行代发工资记录、单位开具的收入证明、所得税扣缴凭证、财产证明、定期存单等资料的复印件。

2. 申请个人贷款需要提交的其他材料包括：

（1）信用卡贷款：工作证明文件，如工作证复印件、工作单位开具的工作证明原件、专业资格证书复印件、职称复印件等。

（2）住房贷款：

• 身份证件复印件（居民身份证、户口簿、军官证，在中国大陆有居留权的境外、国外自然人为护照、探亲证、返乡证等居留证件或其他身份证件）；

• 合法有效的购买（建造、大修）住房合同、协议及相关批准文件；

• 借款人用于购买（建造、大修）住房的自筹资金的有关证明；

• 房屋销（预）售许可证或楼盘的房地产权证（现房）（复印件）；

• 贷款行规定的其他文件和资料。

（3）个人汽车贷款：

• 由汽车经销商出具的购车意向证明；

• 购车首期付款证明；

• 以所购车辆抵押以外的方式进行担保的，需提供担保的有关材料；

• 如借款所购车辆为商用车，还需提供所购车辆可合法用于运营的证明，如车辆挂靠运输车队的挂靠协议、租赁协议等。

（4）个人权利质押贷款：

• 个人权利凭证原件；

• 凭密码、印鉴支取的权利作为质押时，出质人必须按经办行的要求验证密码、印鉴；

• 如所质押的个人权利为第三人所有的，应提供出质人同意质押的书面证明文件

（5）个人助业贷款：

• 配偶身份证、户口簿或有效居住证明、居住地址证明、婚姻状况证明。

• 借款人配偶承诺共同还款的证明。

• 从事生产经营的营业执照，从事许可制经营的，应提供相关行政主管部门的经营许可证原件及复印件；合伙或公司制企业还应出具企业合伙经营协议或章程及验资报告、出资协议原件及复印件。

• 贷款用途证明（如购货合同等）。

• 生产经营活动的纳税证明。

• 借款人获得质押、抵押贷款额度所需的质押权利凭证，抵（质）押物清单及权属证

明文件，权属人及财产共有人同意质押、抵押的书面文件。

（6）国家助学贷款。

- 借款人学生证或入学通知书的原件和复印件；
- 乡、镇、街道、民政部门和县级教育行政部门关于其家庭经济困难的证明材料；
- 借款人同班同学或老师共两名见证人的身份证复印件及学生证或工作证复印件；
- 《督促还款承诺书》。

三、贷款成本

在我国，信用卡持有人目前可能需要承担的费用如表 2－1 所示。

表 2－1

项　目	标　准
年费	依普通卡到金卡的级别不同，从几十到几百元不等
境内柜台取现手续费	按交易金额 1% 收取，最低 5 元
境内行 ATM 取现手续费	按交易金额 1% 收取
双币卡境外取现手续费	按交易金额 3% 收取，每笔最低 3.5 美元
境外行 ATM 取现手续费	按交易金额 3.5% 收取，最低每笔 3.5 美元
循环信用（透支）利息	日息万分之五，按月计收复利
滞纳金	按最低还款额未还部分的 5% 收取，最低人民币 10 元或 1 美元
贷方余额返还手续费	按返还金额千分之五收取，最低人民币 5 元或 1 美元，最高人民币 200 元或 30 美元
国内外交易货币兑换手续费	按 VISA、MASTER 规定，按交易金额 1.5% 收取
超限费	按超过信用额度部分的 5% 收取，最低 10 元或 1 美元
挂失手续费	人民币 40 元
补发卡或损坏卡或提前换卡手续费	人民币 15 元
补制信用卡对账单手续费	补制 3 个月内对账单免费，补制之前的对账单每份收人民币 5 元

贷款的成本，除了利息外，还有其他一些费用，包括评估费、律师费、合同公证和财产的抵押登记费用等，各个银行对这些费用的收取标准不一样。下面我们通过住房贷款来说明相关的费用。

例如，申请人购买位于北京的一处房产，向建设银行申请的一笔本金为 50 万元，期限 10 年，年利率为 5.05% 的个人住房（按揭）贷款，需要承担费用如表 2－2 所示。

表 2－2

项　目	收费单位	标　准	备　注
律师费	律师事务所	贷款额的 4‰（最低 100 元）	
公证费	公证部门	每件 200 元左右	二手房贷款需公证

续表

项目	收费单位	标准	备注
评估费	贷款银行	一般安居房和房改房评估费为500元；公积金贷款商品房收取标准为：0～20（含）万，1 500元；20～50（含）万元，2 500元；50万元以上，3 500元；经济适用房为500元。	新建商品房的个人住房贷款不需支付评估费，利用公积金贷款的申请人需要支付评估费；一般安居房和按房改政策出售的房屋不需支付评估费
抵押登记费	抵押登记部门（各区、县房屋土地管理部门）	收费标准一般在0.30元/平方米（建筑面积）	
保险费	财产保险公司	房屋财产保险费＝保险金额×0.8‰（钢筋混凝土结构）×保险期限	为作为抵押品的房屋投保
证件保管费	贷款银行	几十元/年	批准贷款后收取
印花税	税务部门	贷款额的0.05‰	
利息	贷款银行	5.05%	
提前还款违约金	贷款银行	无	有的银行收取一定数额的利息或按提前还款金额的一定比例收取，有的不收

利息是贷款成本中主要的构成部分，实际利息的负担与还款方式有关。常见的还款方式包括按月还息任意还本法、等额本息还款法、等额本金还款法、一次性还本付息还款法等方式。同样的贷款，贷款的还款方式不同，借款人承担的利息费用也不一样。

提示：个人信贷应“货比三家”。不同银行的个人信贷产品在服务、收费等方面都存在差异，因此无论是申请信用卡还是个人贷款，事前必须对相关的产品进行了解，尤其是对不同银行的同类产品进行比较，做到“货比三家”，以便选择适合自己需要、成本比较合理的产品。

案例解析：

（一）信用卡理财

案例描述：去年10月20日，王先生刷卡消费了约5万元。在到期还款日12月5日前，他往还款账户里存了5万元，以为已经全额还款，可事后查账单后才发现，由于记错还款额，少还0.8元。银行在今年1月5日的还款日对他计了两笔共1 142元的利息。其中一部分为50 000.8元的消费总额在10月20日到12月5日原本应属免息期间的透支利息，另一部分为该透支利息和0.8元欠款在12月5日到今年1月5日之间的透支利息和本金。

分析：目前绝大部分银行的信用卡章程规定，信用卡透支利息按全额收取。所谓透支利息，就是还款人在到期还款日（含）前只偿还了不低于最低还款额，但是未全额还款时，银行对持卡人收取的利息。

目前，各家银行的透支利息基本都按日息万分之五收取的。不过，在具体计算方式上有较大差别，如目前大部分银行规定，不管还款人在到期还款日还了多少钱，只要没有全额还款，都要以消费金额的全额为基数，收取透支利息。

相关链接

信用卡使用的一些技巧

1. 信用卡一般要收取年费，各银行对年费也规定了一些优惠措施。在申请信用卡时一定要对此了解清楚，充分利用银行提供的年费优惠。

2. 信用卡应该多发挥其透支、循环消费等功能，但要记得在免息期前还款，避免承担高昂的利息和罚金。同时，若因为没有及时还款，会留下不良的信用记录，对日后办理其他个人贷款业务造成不利影响。

3. 分期付款不付利息。

4. 大额消费充分利用免息分期付款。目前有的银行允许持卡人免息分期付款，即一次性进行大额消费的时候，对于该笔消费金额则可以平均分解成若干期数（月份）来进行偿还，而无需支付任何额外的利息。

（二）利用公积金贷款，降低贷款负担

案例描述：张先生夫妇均为30岁，原有一套两室一厅房产，房产市场价值60万元，是结婚时一次性付款购买的。因孩子出生，原有的居住空间比较狭窄，打算小房换大房，已经看中的一套三室一厅的房子，房产价值100万元。购房的首付为20万元，夫妻两人存款有10万元，但要留作装修的预算。原有房子不打算出售，希望可以通过贷款完成换房计划。夫妇俩分别在机关和金融企业上班，家庭的税后月收入为1.4万元，夫妇个人的住房公积金个人月缴存额均为1 000元，信用记录一直良好。

分析：张先生夫妇主要的问题是解决首付，夫妇的收入在当地属于中高收入水平，且稳定，还款能力强。

方案一：

住房抵押贷款和住房按揭贷款：本金22万元，10年，利率5.05%，等额还款，月还款额为2 338.82元。

公积金贷款：本金78万元（贷款限额），利率3.87%，30年，等额还款，月还款额为3 993.97元

前10年月还款额＝2 338.82＋3 993.97＝6 332.79（元）

后20年月还款额＝3 993.97（元）

利息合计＝60 658.55（住房抵押贷款和住房按揭贷款利息）＋657 829.2（公积金贷款利息）
＝718 487.75（元）

方案二：

住房抵押贷款，本金20万元，10年，利率5.05%，等额还款，月还款额为2 126.20元。

住房按揭贷款，本金80万元，30年，利率5.05%，等额还款，月还款额为4 319.05元。

前10年月还款额＝2 126.2＋4 319.05＝6 445.25（元）

后20年月还款额＝4 319.05（元）

利息合计＝55 144.14（住房抵押贷款利息）＋754 858.16（住房按揭贷款利息）
＝810 002.3（元）

方案二比方案一多支付利息810 002.3－718 487.75＝91 514.55（元）

相关链接

使用个人贷款的技巧

1. 提前还款前要慎重考虑。有意提前还贷的借款人应从经济承受能力、资金使用效率等方面综合分析决定是否要提前还款。如属于提前还款后导致家庭没有现金储备，资金使用效率高于银行利率等情况，不必急着提前还款。

2. 根据个人和家庭收入的实际情况选择还款方式。等额本金的方式还款总额要少一些，但借款初期还款压力比较大，而且等额本金还款额每个月都在变，多存浪费，少存则会影响个人信誉。等额本息每月还相同的金额，等有富余的钱再提前还一部分，也可以节省利息支出。

3. 缩短贷款期限是减少利息支出的有效方法，通常期限长的贷款比期限短的贷款利率要高。

4. 充分利用公积金贷款。在个人住房贷款中公积金贷款的利率比商业贷款的利率低得多。

5. 商业贷款应先还。根据上面的第4点，在提前还贷时应争取商业贷款先还。

6. 定期存款若在未到期前支取，就要按活期利率计息。这对即将到期但必须提前支取的储户来说无疑会损失一大笔利息收入，为了尽量避免或减少利息上的损失，可采用个人定期储蓄存单小额抵押贷款办法。由于个人贷款一般是临时性急用，期限较短，因而采用个人抵押方式只须支付少量利息就可避免定期利息损失。

第三节　银行理财产品

财富故事

银行理财产品到期收益为零

2007年12月24日，上海浦东发展银行在其官方网站上发布了“汇理财2006年第九期F1和F2计划期末收益情况公告”，就是这个轰动一时的公告，把浦发银行推到了风口浪尖。原来，根据公告内容显示：2006年第九期F2计划的到期收益率为0；但是由于利息税调整发生了有利于客户的变化，2006年第九期F2计划的客户获得的到期收益率最终为税后0.0396%。许多购买了该产品的投资者看到公告后很愕然，纷纷表示不能接受，因为同期股票市场最多曾大涨近5 000点。

然而，依据产品合约约定的收益计算方法（该计划的理财收益率=最大值［16%－（最好的股票表现值－最差的股票表现值），0%］），2006年第九期F2计划的到期收益率为0；同期与其挂钩的股票表现如表2－3所示。

表 2-3

挂钩股票	股票代码	上市交易所	币种	2006 年 12 月 28 日收盘价格	2007 年 12 月 19 日收盘价格	股票表现值
中国建设银行股份有限公司	0939	香港证券交易所上市	港币	5.05	6.63	31.29%
中国人寿保险股份有限公司	2628	香港证券交易所上市	港币	27	39.8	47.41%
中银香港（控股）有限公司	2388	香港证券交易所上市	港币	21	20.45	-2.62%
招商银行股份有限公司	3968	香港证券交易所上市	港币	16.28	31.95	96.25%

（资料来源：栾璐，“零收益暴露理财产品的设计缺陷”，《中国产经新闻》，2008 年 2 月 3 日。）

投资者愕然缘于当初购买产品时没有详细阅读合同约定。

这个真实的故事给投资者带来怎样的反思呢？

银行理财产品是商业银行为个人提供的一种综合理财服务，是指商业银行在对潜在目标客户群分析研究的基础上，针对特定目标客户群开发设计并销售的资金投资和管理计划。在理财产品这种投资方式中，银行只是接受客户的授权管理资金，投资收益与风险由客户或客户与银行按照约定方式承担。

根据本金与收益是否保证，银行理财产品可分为保本固定收益产品、保本浮动收益产品与非保本浮动收益产品三类。

名词解释

保本固定收益产品：是指商业银行按照约定条件向客户承诺支付固定收益，银行承担由此产生的投资风险，或银行按照约定条件向客户承诺支付最低收益并承担相关风险，其他投资收益由银行和客户按照合同约定进行分配，并共同承担相关投资风险。

保本浮动收益产品：是指商业银行按照约定条件向客户保证本金支付，本金以外的投资风险由客户承担，并依据实际投资收益情况确定客户实际收益。

非保本浮动收益产品：是指商业银行根据约定条件和实际投资收益情况向客户支付收益，并不保证客户本金的安全，商业银行通常也不参与收益分配，只是收取管理费。

根据标价货币的不同，银行理财产品可以分为人民币理财产品和外币理财产品。

一、人民币理财产品

人民币理财产品，即由商业银行自行设计并发行，将募集到的资金根据产品合同约定投入相关金融市场及购买相关金融产品，获取投资收益后，根据合同约定分配给投资人的一种理财产品。

银行人民币理财产品大致可分为债券型、信托型、挂钩型及 QDII 型。

- 债券型：投资于货币市场中，投资的产品一般为央行票据与企业短期融资券。因为央行票据与企业短期融资券个人无法直接投资，这类人民币理财产品实际上为客户提供了分享货币市场投资收益的机会。
- 信托型：投资于由商业银行或其他信用等级较高的金融机构担保或回购的信托产品，也有投资于商业银行优良信贷资产受益权信托的产品。
- 挂钩型：产品最终收益率与相关市场或产品的表现挂钩，如与汇率挂钩、与利率挂钩、与国际黄金价格挂钩、与国际原油价格挂钩、与道·琼斯指数或港股挂钩等。
- QDII 型：所谓 QDII，即合格的境内投资机构代客境外理财，是指取得代客境外理财业务资格的商业银行。QDII 型人民币理财产品，简单说，即是客户将手中的人民币资金委托给合格商业银行，由合格商业银行将人民币资金兑换成美元，直接在境外投资，到期后将美元收益及本金结汇成人民币后分配给客户的理财产品。

我国 QDII 产品的推出始于 2006 年，当年 4 月 13 日，中国人民银行公布了《关于商业银行进行境外个人理财的通知》，对三项经常项目下的外汇管理政策进行了调整，同时允许符合条件的银行、基金公司、保险机构可按照规定集合境内资金进行相关境外理财投资。这标志着 QDII 正式启动。

二、外币理财产品

外币理财产品本质上是一种结构性存款，投资者利用自有外汇购买商业银行提供的结构性理财产品，在特定期限内的收益率由与之挂钩的国际金融市场的相关指标决定，但投资者并不直接投资于境外市场的任何产品。

外币理财产品按连接标的，可划分为利率/汇率挂钩、外汇挂钩、指数挂钩、股票篮子挂钩、债券基金挂钩等产品。

相对而言，美元产品一般以 5 000 美元为起点，有的产品达到 1 万或 2 万美元，追加部分一般是 100 美元递增，也有 1 000 美元的。港元产品一般是 5 万港元为起点，追加部分一般是以 1 000 港元递增。

在投资收益方面，外币理财产品的投资收益多为预期投资回报，间接与产品的连接标的的表现相挂钩。但产品的净值也会受到包括利率水平及其波幅、汇率水平及其波幅、投资策略、杠杆水平以及存款到期时间等市场因素的影响。如果是年收益水平不变，则收益水平取决于银行是否会提前终止理财产品，如果提前终止，则会使投资收益总额减少。如果是年收益水平变化，则需要关注所挂钩的投资领域的变动情况，理财产品的收益高低将与挂钩的变化相联系。

早期的银行外币理财产品大部分是保本收益型，老百姓不用费什么心思，可以像理解储蓄产品和凭证式国债一样去理解银行推出的外币理财产品——期限固定、投资收益明确且有保证。

案例：

工商银行“汇财通”个人外汇理财产品（节选，来源于工商银行网站），如表2－4所示。

表2－4

产品名称	中国工商银行“汇财通”个人外汇理财产品2008年第十期
产品类型	保本固定收益型。
理财本金及收益币种	欧元。
起点认购金额	5 500欧元，以100欧元递增。
理财期限	起始日：2008年10月27日。 到期日：2009年4月27日。
理财本金返还条款	投资者持有该产品直至到期，理财本金将100%返还。
提前终止条款（保证收益附加条件）	2009年1月27日银行拥有一次终止产品的权利（遵循工作日准则）。
违约赎回条款	投资者提前支取理财本金，需缴纳违约金。违约金比例为提前支取本金的3.8%，同时银行对提前支取的部分不支付理财收益。
理财收益计算方式	理财收益＝理财本金×年化收益率×计息期实际天数/360（遵循计息期调整准则）。
年化收益率	5.8%。
理财收益支付频率	产品到期一次性支付。
计息基础	计息期实际天数/360（遵循计息期调整准则）。
其他规定	1. 投资者购买产品当日至产品起始日之间、产品到期日或提前终止日至理财本金及收益到账日之间不计付理财收益。 2. 若理财产品不成立，工商银行将于产品募集期结束后3个工作日内返还投资者理财本金。 3. 理财产品年化收益率以到期日投资者理财账户中本期次理财产品的本金余额决定。
理财收益计算方法	如投资者购买2万欧元该产品，起始日为2008年1月3日，到期日为2008年7月3日，产品年化收益率为5%。 情景一：若投资者不提前支取理财本金且银行不行使提前终止权，则到期后投资者可获得理财收益505欧元（20 000×5%×182/360）。 情景二：若投资者不提前支取理财本金且银行在2008年4月3日行使提前终止权，则提前终止后投资者可获得理财收益252欧元（20 000×5%×91/360）。 情景三：若投资者在产品到期前产生流动性需求，需提前支取1万欧元理财本金，则投资者需缴纳违约金提取该部分理财本金，同时银行对提前支取的部分不支付理财收益。投资者办理违约赎回时扣除违约金可收回本金9 620欧元（10 000－10 000×3.8%）。若银行不提前终止该理财产品，则到期时投资者获得理财收益252欧元（10 000×5%×182/360）。

但是，如今银行推出的外币理财产品，一方面宣称投资收益水平越来越高，但另一方面又明确表示“不保证本金和收益”或者是“保证本金但不保证收益”。也就是说，现在老百姓选择银行的外币理财产品，不能只对比宣称的收益率，而应当更加仔细地了解产品自身的投资领域，分析投资的风险程度。

三、银行理财产品的投资

投资银行理财产品，关键是应该仔细了解产品的情况，尤其是合同条款、约定细则中有关风险和收益等的规定。概括起来，主要做到以下五点：

一是了解清楚产品的性质。了解是保本的还是非保本的、收益是固定的还是浮动的、本金是否可以提前收回、费用怎样收取等，结合自身对风险的承受能力选择适合的理财产品。

二是用富余的资金进行投资。即使是保证收益的理财产品也具有一定的风险，即流动性风险，因为这类产品一般不允许提前终止合同。

三是要看产品的投资方向。预期收益就是根据这些投资市场的表现来决定的，包括汇率、利率、黄金、信托项目、股票、期货、基金等。如果投资者看好某些领域，但是不懂得操作技巧，不愿冒太大的风险，或者无法直接进行投资，就可以选择挂钩这些领域的理财产品。

四是一定要认清预期收益。投资者不要把预期收益当做实际收益。预期收益是银行认为在正常市场走势下可望获得的收益，银行并没有保证支付义务。在实际操作中，由于种种因素的影响，实际收益与预期收益往往有偏差，即使是相对安全的固定收益理财产品，也会有实际收益低于预期收益的可能。

五是计算收益率。投资者在购买理财产品时要特别注意收益率的计算方法。如前述案例中，投资者就是没有搞清楚收益计算才导致产品到期后收益为零。

第四节　外汇与黄金

财富故事

洪先生炒汇初尝甜头

2003 年初，在一次和一个银行外汇部门工作的朋友闲聊中，洪先生了解到现在外汇市场是国际最大投资市场之一，在国内外汇投资也越来越红火，已是仅次于股票投资的一种重要的投资途径。洪先生为之眼前一亮，对呀，炒外汇可是一个不错的投资选择，反正手头有一定的外汇存款，炒炒外汇其实也蛮好的。

洪先生于是先在银行开了个外汇账户，并开通了网上银行交易系统，存入一定量的外汇后，就可以炒外汇了。但是怎么去判断外汇行情的走势呢？于是洪先生向在银行工作的朋友请教，朋友告诉他两个基本的投资策略，如果没有时间去操作的话就看准某个货币进行中线的投资，低价买进高价卖出；如果有时间的话就进行短线的炒作，进行高抛低吸的波段操作。

2003年下半年，洪先生在分析了各主要币种后，觉得欧元的价值被低估了。从基本面看，美国经济在9·11后曾出现了一些困难，财政赤字严重，并且高额的贸易逆差给美元沉重的压力，加上欧元区国家希望欧元升值，相关官员均呼吁欧元需要回归合理的价值；国际炒家索罗斯称美元有贬值的需要，在这多种因素的结合下，美元下跌的可能性极大。洪先生果断在1.0510附近分两次卖出大概5万美元并买入欧元，到2004年1月初，欧元涨到1.2517附近时全部出手，一合计，一年的收益率竟然接近20%，差不多净赚1万美金。

（资料来源：大众理财顾问杂志社，《大众理财实战经典》，机械工业出版社2005年版。）

一、外汇

（一）外汇概述

1. 外汇及外汇市场。

外汇是指本国货币以外的外国纸币、硬币、股票债券票据等有价证券。

外汇市场从广义上讲泛指外汇交易场所，包括个人外汇买卖场所、外币期货交易所等；从狭义上讲是指以外汇专业银行、外汇经纪商、中央银行等为交易主体，通过电话、电传、交易机等现代化通讯手段实现交易的交易市场；外汇市场既是一个有形的市场，也是一个无形的市场，国际上主要的外汇市场有悉尼、东京、新加坡、香港、法兰克福、苏黎世、伦敦、纽约。

小资料

国际主要外币及其符号

美元：USD，英镑：GBP，欧元：EUR，日元：JPY，澳元：AUD，港币：HKD，加元：CAD，瑞士法郎：CHF，瑞典克朗：SEK，新加坡元：SGD，挪威克朗：NOK，丹麦克朗：DKK。

2. 汇率及其表示方法。外汇汇率是一国货币对外国货币的兑换率，国际汇率表示方法有直接报价法和间接报价法。

- 直接报价法：以本国货币表示每一单位外国货币的价格（即可理解为本国货币是价格，外国货币是商品）。中国元（RMB）、瑞士法郎（CHF）、加拿大元（CAD）、新加坡元（SGD）、日元（JPY）、港币（HKD）、瑞典克朗（SEK）等常用此表示方法，如1美元=6.78元人民币。
- 间接报价法：每一单位的本国货币折合若干的外国货币（即可理解为本国货币是商品，外国货币是价格）。在国际市场上，英镑（GBP）、澳大利亚元（AUD）、新西兰币（NZD）、欧元（EUR）采用此报价法，如在英国，1英镑=1.5980美元。

名词解释

交叉汇率：当两种货币无直接兑换比率，而必须通过第三种货币间接计算而得知的兑换率，称为交叉汇率或套算汇率。没有美元的货币又叫“交叉盘”，有美元的货币又叫“直接盘”。通过任意两个直接盘可以计算出一个交叉盘的汇率，即交叉汇率。

小资料

交叉汇率的计算

1. 两个货币均为直接报价法或者均为间接报价法时，可以使用汇率交叉相除的方式进行计算（即一个直接盘的买入价除以另一个直接盘的卖出价，一个直接盘的卖出价除以另一个直接盘的买入价）。

例如：美元/瑞郎 =1.4000/1.4010，美元/日元 =123.50/60，多少日元 =1 瑞郎？

买入价：123.5/1.4010 =88.15　88.15 日元 =1 瑞郎

卖出价：123.6/1.4 =88.29　88.29 日元 =1 瑞郎

所以瑞郎/日元（CHF/JPY） =88.15/88.29

2. 如果两个货币一个为直接报价法，另一个为间接报价法，则使用直接相乘的方式计算（即一个直接盘的买入价乘以另外一个直接盘的买入价，一个直接盘的卖出价乘以另外一个直接盘的卖出价）。

例如：美元/日元 =123.50/60，欧元/美元 =1.0510/20，1 欧元 = 多少日元？

买入价：123.5 ×1.0510 =129.68　129.68 日元 =1 欧元

卖出价：123.6 ×1.0520 =130.03　130.03 日元 =1 欧元

所以欧元/日元（EUR/JPY） =129.68/130.03

3. 外汇报价。在银行的汇率报价中，写在前面的货币是基础货币，写在后面的货币是非基础货币。

（1）买入价（BID）与卖出价（OFFER 或 ASK）。在国际市场上，买入价与卖出价是指银行准备从对手（通常指客户）那里的买入（BID）价、卖出（OFFER）价，买入价（BID）在左，卖出价（OFFER）价在右。银行所标示的买入价均是对基础货币而言的买入价格，银行所标示的卖出价均是对基础货币而言的卖出价格。例如，某银行的美元兑日元买入、卖出价分别为 109.30/109.60，表明银行从客户处买入美元卖出日元使用的牌价为 109.30，也即客户卖出美元买入日元就要使用 109.30 的牌价，反之亦然。

（2）点差。买入价和卖出价之间的距离通常用单位点来计量，叫点差。点也是国际外汇市场上最常用的单位，是小数点后最后一位，通常也就是小数点后的四位，日元汇率为小数点后两位。例如，欧元/美元（EUR/USD）汇率从 1.0630 到 1.0631 之间就是一个点的差距，美元/日元（USD/JPY）汇率从 118.90 到 119.00 就是十个点的差距。

（3）中间价。是指买入价与卖出价之间的中间价，用买入价和卖出价之和除以 2。比如，某行美元/日元的买入价与卖出价分别为 118.90 和 119.20，则中间价为 119.05。

（二）常见外汇交易

1. 外币兑换。

（1）个人结汇，是指在符合国家外汇管理局规定的前提下，按银行当日实时牌价将外币兑换为人民币的业务。无论境内个人还是境外个人，也无论何种事项的结汇，每人每年凭本人有效身份证件可结汇等值 5 万美元（含）。

（2）个人购汇业务，是指境内个人或境外个人在符合国家外汇管理局规定的前提下，按银行购汇当日实时牌价将人民币兑换为外币的业务。一般境内个人在银行购汇当年累计购汇金额不超过等值5万美元。

2. 跨境汇款。

（1）境内汇出汇款。汇出境外的汇款方式包括电汇汇出、票汇汇出、购买旅行支票以及各银行为客户提供的特有汇款方式，如工商银行“速汇金汇出”等。

小资料

向境外汇款方式

电汇是由银行通过外汇汇款及资金清算系统直接将款项汇至指定收款人账户，通常速度较快，但汇款人需要额外支付电讯费，票汇是由银行提供汇款人外币汇票，由汇款人邮寄给收款人或者直接携带出境后办理托收，通常费用相对低廉；所谓“外币汇票”是银行根据客户要求签发的，以外汇标明面额的，由客户持有、携带，并到境外凭以办理外汇支付或取款的银行票据。“外币旅行支票”是由世界知名的、资信情况良好的金融机构发行，由持票人购买，可方便地携带出境和兑付现金，甚至直接替代现金消费的一种定额票据。

（2）境外汇入汇款。境外汇入汇款的方式包括电汇汇入、预结汇汇款、个人外汇票据托收、外币旅行支票代兑等。

（三）外汇理财

在外汇理财中，汇率走势的分析显得非常重要。影响市场汇率的因素很多，概括起来是经济方面和政治方面。一个国家的经济状况，主要表现在生产的增长水平、国际收支状况、银行利率水平、就业状况等方面，这些方面的优劣是汇率走势的根本内因。另外，由于美元的特殊地位，美国经济状况是各国汇率走势的一个基本外因。政治上，国际、国内政治局势变化对汇率有很大影响，局势稳定则汇率稳定，局势动荡则汇率下跌。具体说来，可以从以下方面判断：

（1）经济发展增长的差异。国与国或者地区之间经济增长的差异会导致两个币值之间出现变化。如2000—2001年欧元兑美元的弱势时期，美国经济正处于鼎盛时期。而2002年美国经济进入衰退期，虽然欧洲经济状况不如美国，但美国的经济下滑更明显，因此欧元汇率在年中的时候冲上徘徊多年的1.0000。

（2）利率的影响。如果一个国家币种利率上扬，一般会使该国货币出现走强的局面。

（3）国际资本流动的影响。低息货币会向高息货币流动，如2003年澳元、英镑、欧元等币种比美元的利率要高出许多，许多市场投资者愿意持有这些币种，去购买这些国家发行的债券、股票等，造成了以上货币对美元的强势局面。

（4）市场预期。外汇市场参与者的心理预期，对货币的走势会产生重要的影响。

（5）货币管理当局的干预。政府的财政政策或者外汇政策，以及央行的货币政策对该国货币的走势影响很大。

1. “汇市通”外汇买卖。“汇市通”是中国工商银行（下称工行）面向个人客户推出的外汇买卖业务，是指客户在规定的交易时间内，通过工行个人外汇买卖交易系统（包括柜台、电话银行、网上银行、手机银行、自助终端等），进行不同币种之间的即期外汇交易。

通过工行“汇市通”交易，可以实现以下基本目的：

（1）外汇币种转换：将手中持有的外币直接换成另一种所需的外币。

（2）赚取汇率收益：根据外汇市场上的每日汇率变动进行买卖操作，从而赚取汇差收益。

（3）资产保值增值：将一种利率较低的外汇转换成另外一种利率较高的外汇，从而可以获得利差收益。

2. 外汇买卖操作技巧及理念。

（1）不怕错、就怕拖。在做交易时犯错误是难免的，而在一段行情中，真正的进入信号是比较少的，因此在机会来临时必须“冒一定风险”进入。

（2）随时准备止损。在确定方向错误以后，最好的选择就是止损。只有遵守止损的纪律，才能达到“一致性”的获利。

（3）顺势而为。市场从来不会高到不能买入，也不会低到不能卖出的地步。逆市操作不但获利空间较小，而且相对风险更大。

（4）“金字塔”的进场原则。从资金管理角度出发，如果集中交易，资金风险则相对集中。

名词解释

投资金字塔：英语为：investment pyramid。依据安全和稳健原则确定的投资资产配置方案。配置比例和数量的形态类似一座金字塔。在塔的底部高比例放置低风险易变现投资品种，如现金、现金等价品种及政府债券。中部放置增长和收益兼顾品种，比例低于前者，如公司债券和股票。顶部少量安排高风险、高回报投资品种，如金融衍生产品。

（5）掐头去尾赚中间。在实际交易过程当中，判断趋势的顶部和底部是比较困难的事情，因而在顶部和底部进行交易风险较大。

（6）选择少而精的工具。技术分析中，大概有上百种技术指标和交易工具。交易者不可能运用所有的交易工具进行交易。交易者可以根据自己的实际情况和特点，选择自己的交易工具。

二、黄金

（一）相关称谓

1. 伦敦金（loco London）。简言之，是存放在伦敦城地下金库里的99.5%纯度的400盎司金砖。作为伦敦金至少有三个条件：（1）存放在伦敦。同样的一块金砖，存放在苏黎世就成了苏黎世金，存放在纽约就成了纽约金，而且同样的一块金砖，放在伦敦和放在其他地方，价格也不一样，因为有运费。国际市场上最活跃的现货金就是伦敦金。（2）纯度不低于99.5%，上海金交所的黄金纯度是99.99%和99.95%，高于伦敦金的纯度。（3）重量是400盎司一块。只有400盎司（12.5公斤）的金砖是合格交割（good delivery）金砖。1公斤的金砖不是合格交割品种。

2. K金：由于用纯金制作首饰太柔软，难以镶制出各种精美的款式，尤其当镶嵌珍珠、宝石和翡翠等珍品时容易被丢失。因此，古代人们就知道在纯金中加入少量银、铜、锌等金属以增加黄金的强度和韧性，这样制作而成的金饰，称为饰金，也就是人们常见的制成首饰的金或其他金制品。确定饰金中含量的制位叫“金位”，英文是“Karat”，一般为开，按英文字头也可简称“K”。因此，饰金又称为“K金”。

K金可以根据需要配制成各种颜色，如黄金与铜等混合后是红色，称为红K金。在国际上流行的K金首饰各种颜色都有，有橘红色、香槟酒色、苹果绿色、黄色、红色、青色、乳白色、黑色等10种，统称为彩色K金首饰。

还有K白金。黄金中混入25%以上的钯或镍，就会成为“white”也就是白色的金，其主要成份还是黄金，而它的叫法就叫K白金。刻有14KWG标志的金子，即是指黄金中混入钯或镍等金属而成的14K白金。

小资料

金的纯度

黄金饰品一般分为足金和K金。K金（或开金）是黄金与其他金属熔合而成的合金。“K”是国际上用来表示黄金纯度（即含金量）的符号，那么1K的含金量是多少呢？国际上是把24K金当作含金量100%来计算的，所以1K的含金量为100/24 = 4.1666%。我国市场上最多见的“18K金”，其含金量为18×4.1666% = 75%，饰品上应打上的印记为“18K”或“750”。国家标准“GB11887－8P”规定：含金量不小于990‰为足金，含金量不小于999‰为千足金。99.95%以上可以称为纯金。

3. 纸黄金，是指黄金的纸上交易。投资者的买卖交易记录只在个人于银行开立的“黄金账户”上体现，不必进行实物金条的提取，这样就省去了黄金的运输、保管、检验、鉴定等步骤，纸黄金的买入价与卖出价之间的差额要小于金条买卖的差价。

（二）黄金投资

1. 投资方式及其选择。目前在国际上黄金投资主要有几大方式：投资金条、投资金币、黄金管理账户、黄金凭证、黄金期货、黄金期权。

（1）投资金条。我国目前个人投资黄金的主要方式是投资金条，金条分为普通金条、纪念金条两种。

①金条的规格。各国金条的规格有所不同，但按国际惯例，进入市场交易的金条在精炼厂浇铸成型时必须标明其成色和重量，以及精炼厂的名字和编号。

②金条的铸造和包装。一般情况下，投资者往往要购买知名度较高的精炼公司制造的金条，以后在出售时会省去不少费用和手续。如果是不知名企业生产的，黄金收购商就要收取分析费用。国际知名金商出售的金条，包装在密封的小袋中。除了内装黄金外，还有可靠的封条证明。在不开封的情况下，再售出金条时就会方便得多。

③金条交易的计量单位。由于各国黄金市场的交易习惯、交易规则不同，黄金计量单位也有所不同。目前国际黄金市场比较常用的计量单位是金衡盎司。金衡盎司是专门用于贵金属商品交易的计量单位，与常衡盎司有所不同，1常衡盎司等于28.3495克，而1金衡盎司等于31.1035克。我国以前计量黄金的单位主要是两，现在主要是克。随着经济与国际接轨，我国不少黄金品牌也开始使用金衡盎司来计量，高赛尔金条就是其中之一。

小资料

黄金常用计量单位

1. 金衡制盎司单位。目前国际较通用的标准是“盎司”。金衡盎司与常衡盎司是有区别的。1 金衡盎司 =31.1035 克，1 常衡盎司 =28.3495 克。

2. 司马两单位，是目前香港黄金市场常用的交易计量单位。1 司马两 =37.4285 克。

3. 市制计量单位。现在上海黄金所用克为单位。我国市场常见：1 市斤 =10 两 =500 克。

4. 日本两单位。日本黄金市场上使用的交易单位，1 日本两 =3.75 克。

5. 托拉单位。目前国际市场一种比较特殊黄金交易计量单位，主要用于南亚一些地区黄金市场，1 托拉 =11.6638 克。

④金条的价格。普通金条的价格与纪念金条的价格有所不同。纪念金条的发行价格是按照金饰品的定价方式来定价，一般其发行价格 = 成本 +10% 的增值税 +5% 的消费税 + 利润。而普通投资型金条的价格是在黄金现货价格的基础上加上一定的加工流通费。因此，纪念金条比普通投资型金条的价格要高。

⑤金条的投资渠道。一是场内交易，如上海黄金交易所的会员交易，即黄金生产企业、黄金饰品企业、黄金经纪商、黄金代理商、商业银行和机构投资者交易；二是场外交易，主要是一些中小企业和个人投资者在商业银行、金行、珠宝行、金银首饰店进行的金条交易。目前我国的个人黄金投资者主要是在场外进行交易。购买金条最好选择回购有保证而且价差不大的金条。

（2）投资金币。金币有两种，即纯金币和纪念性金币。纯金币的价值基本与黄金含量一致，价格也基本随国际金价波动。纪念性金币主要为满足集币爱好者收藏，投资增值功能不大，但其具有美观、鉴赏、流通变现能力强和保值功能，所以仍对一些收藏者有吸引力。

（3）黄金管理账户。黄金管理账户是指经纪人全权处理投资者的黄金账户，属于风险较大的投资方式，关键在于经纪人的专业知识和操作水平及信誉。一般来讲，提供这种投资的企业具有比较丰富的专业知识，收取的费用不高。同时，企业对客户的要求也比较高，要求的投资额比较大。

（4）黄金凭证。这是国际上比较流行的投资方式，银行和黄金销售商提供的黄金凭证，为投资者避免了储存黄金的风险。发行机构在黄金凭证上面，注明投资者有随时提取所购买黄金的权利。投资者可按当时的黄金价格，将凭证兑换成现金以收回投资，还可通过背书在市场上流通。投资黄金凭证，要对发行机构支付一定的佣金，和实金的存储费大致相同。国内的中华纸黄金等都属于黄金凭证。

（5）黄金期货。一般而言，黄金期货的购买、销售者，都在合同到期日前出售和购回与先前合同相同数量的合约，也就是平仓，无需真正交割实金。每笔交易所得利润或亏损，等于两笔相反方向合约买卖差额。这种买卖方式，才是人们通常所称的炒金。黄金期货合约交易只需 10% 左右交易额的定金作为投资成本，具有较大的杠杆性，少量资金推动大额交易。所以，黄金期货买卖又称“定金交易”。

（6）黄金期权。期权是买卖双方在未来约定的价位，具有购买一定数量标的的权利而非义务。如果价格走势对期权买卖者有利，会行使其权利而获利。如果价格走势对其不利，则放弃购买的权利，损失只有当时购买期权时的费用。由于黄金期权买卖投资战术比较多并且复杂，不易掌握，目前世界上黄金期权市场不太多。

那么，这些黄金投资品种怎么选择？

• 金条金块的变现性非常好，在全球任何地区都可以很方便地买卖，大多数地区还不征收交易税。除了保值增值，还可以用来收藏、馈赠，比较适合长线投资。缺点是投资门槛高，占用较多的现金，有一定的保管费用。

• 纸黄金不进行实物交割，可避免储存黄金的风险，在银行进行低买高卖赚取金价波动差价，资金门槛比实物黄金低，对投资者的资金要求比较灵活。

• 黄金衍生产品。目前世界上黄金期权市场不太多。应注意黄金期权价格变动的风险太大，不要轻易运用卖出期权，比较安全的做法是购买中外资银行推出的与国际黄金走势挂钩的理财产品。

• 纯金币及金银纪念币。通常情况下，金银币的价格远远高于金价本身，有面额的纯金币要比没有面额的纯金币价值高。

2. 投资技巧。

（1）控制仓位。从某种角度来说，控制仓位，就是控制自己的欲望和冲动。合理地控制仓位，就是较好地控制自己的投资冲动，让投资行为更理性。

保持一个合适的仓位是获利的重要因素之一。俗话说“欲速则不达”，满仓操作其实是一种急功近利的做法，如果轻仓，即便黄金价格跌得再厉害，也不会亏损太多。无论是黄金投资还是其他投资，控制仓位都是永恒的话题。

（2）学会止损。在投资之前，最好设定一个止损线。如果行情持续向不利于自己的方向发展，就有必要对这次投资进行坚决的止损。无助地等待解套是相当被动的，不仅占用了资金、错失了其他获利机会，还影响了之后的操作心态。止损是一种战略技巧，“割肉”并不代表认输。再成功的投资者也不可能对每一波行情都预料无误，懂得止损的人才有可能成为真正的成功投资者。

（3）顺势而为。“君子藏器于身，待时而动”，这里的“时”指的投资中的行情。作为中小型投资者，我们无法改变市场大势，就只能去顺从它。顺势而为、待时而动可以让我们的投资事半功倍。

回顾金价的历次波动性调整，幅度大多在 80 美元上下，如此大的波动幅度凸显了黄金价格的特性。在金价变动的波段区间内，顺势而为的投资方式极为实用。了解黄金价格运行的大致规律，而后“顺势而为、待时而动”，黄金投资则可以无往而不利。

（4）控制风险。“宜未雨而绸缪，勿临渴而掘井”，黄金投资控制风险亦是如此。在进行黄金交易前，投资者应充分了解政策风险、价格风险、利率风险、网络系统安全等问题，并根据自身风险承受能力，选择适合自己财务状况和投资目标的黄金品种，树立长期的投资理念，最终获取良好的收益。

知识训练

1. 储蓄存款的品种主要包括哪些？
2. 存款实名制的主要内容是什么？
3. 单利和复利有什么不同？
4. 银行贷款主要有哪些种类？
5. 借款人应怎样选择还款方式？

6. 开学了，张同学和李同学都由父母一次性支付了 8 000 元的学费和生活费，根据核算学校该学年应缴总费用为 3 500 元，余额部分两位同学分别采用了不同的处理方式：张同学简单省事，将余额部分悉数活期存入银行；而李同学将其中的 2 000 元作 3 个月定期存款，剩下 2 500 元办理 7 天通知存款。假定两位同学都是每周到银行取 200 元作为本周生活费用，请比较 5 个月后学期结束，两者账务余额的差别（具体利率以当日银行公布利率为准）。

7. 某银行信用卡条款中还款时间的规定是“当月消费，次月 22 日到期”，请问该行信用卡客户享受的最短和最长免息期是多少？

8. 某日，某银行电子公告牌上显示如下外汇信息：

币种	汇买、汇卖中间价	现汇买入价	现钞买入价	卖出价	发布时间
美元（USD）	682.58	681.21	675.75	683.95	17：47：57
港币（HKD）	87.96	87.78	87.08	88.14	09：04：29
日元（JPY）	7.3459	7.3165	7.0814	7.3753	09：04：29
欧元（EUR）	926.40	922.69	893.05	930.11	09：04：29
英镑（GBP）	1046.87	1042.68	1009.18	1051.06	09：04：29

请问：为何现钞买入价低于现汇买入价？请计算美元兑港元的交叉汇率。

技能训练

1. （组织）参观两家不同的商业银行，比较储蓄取款单日单笔限额、跨行 ATM 取款手续费率、同行异地存取款费率、信用卡贷款额度等方面的差异。

2. 选择一家商业银行，进入该银行网站，查询该银行在售的人民币、外币理财产品，并选择其中某一产品作简单说明，以及投资购买该款产品的重点注意事项。

3. 前往商业银行营业机构，记录某一天美元、英镑、港元、欧元、日元等主要外币品种的外汇牌价，并分析说明各种外汇报价的含义。

4. 搜集一些供投资者投资的金条、金块、金币等图片，并加以简单介绍和说明。

5. 根据家庭的收支情况，选择适当的存款品种，制订一个家庭的储蓄规划。

6. 假如你准备毕业后自主创业，调查一下当地银行可以为你提供什么样的帮助，有哪些创业贷款可以申请，申请这些创业贷款需要什么条件？

7. 向银行查询，申请个人住房贷款需要办理哪些手续？

8. 张先生为购买新房准备向银行申请10年期的个人住房贷款，贷款金额为50万元。通过向银行咨询，张先生得知，目前银行10年期的个人住房贷款利率为年利率5.05%，还款方式可以选择等额本金还款法和等额本息还款法。目前银行的贷款利率处于历史的低位，张先生最担心假如未来利率上升，还款负担会增加很多，同时他还想尽量降低利息的负担。那么，他应该选择哪种还款方式，你能运用数据给他提出相关建议吗？

第3章 证券投资产品

学习目标

- ☐ 了解债券票面要素、债券种类
- ☐ 掌握记账式、凭证式国债的投资技术
- ☐ 了解股票的相关概念及股票交易程序和原则
- ☐ 掌握股票投资的基本分析技术
- ☐ 了解基金分类
- ☐ 掌握基金投资策略和投资技术

财富故事

“杨百万”的发家史

说起上海市民杨怀定肯定没多少人知道，但提起上海的“杨百万”，则大凡20世纪80年代以前出生的人都会肃然起敬。“杨百万”的投资始于储蓄投资，利用温州利率开放的政策异地存款赚取高额利息（当时利率最高达13%），紧接着上海开放国债交易，“杨百万”又成了第一个吃螃蟹的人，果断买入国库券（三年期利率高达15%，大大高于同期5%的银行存款利率）；随后利用各地国债价格差异大的特点开创“国库券异地买卖”之先河，使得个人财富迅速膨胀。当刚刚起步的中国股市步入低迷时，“杨百万”逆向操作，果断介入“电真空”，成本仅91元，半年涨到800元，他果断抛售，后下跌至370元附近，再次大量买入，涨至2 500元，轮番操作。如今，“杨百万”的投资领域已经扩展到地产、期货等多个领域，自己也早已跻身“亿万富豪”之列。

然而，在中国证券市场中曾经扬名立万的岂止杨怀定？“陈百万”、“李百万”都曾经出现过，可现如今已经销声匿迹。这又是为何呢？“百万”们的经历和不同结果，向我们揭示了作投资能获得可观收益，但也担负了巨大风险。

（资料来源：谢飞君，《杨百万发家史》，《新闻晚报》，2008年4月4日。）

简单地说，证券是各类财产所有权或债权凭证的通称，是用来证明证券持有人有权依票面所载内容，取得相关权益的凭证。所以，证券的本质是一种交易契约或合同，该契约或合

同赋予合同持有人根据该合同的规定，对合同规定的标的采取相应的行为，并获得相应收益的权利。

就投资领域而言，证券通常是指有价证券，是一种具有一定票面金额、证明持券人有权按期取得一定收入并可自由转让和买卖的所有权或债权证书，主要形式有债券和股票两大类。

第一节 债　　券

财富故事

买国债也会亏钱

2007 年 12 月，离休干部曾老将不确定使用期限的一笔 10 万元的资金，购买了 2007 年第五期凭证式国债。2008 年 3 月他因急用钱到银行去支取国债，却意外地发现了“投资国债也会亏损”。10 万元的资金，购买国债 4 个月，不仅没有分文利息，还要支付 100 元的手续费。

曾老的经历说明，即使享有“金边债券”美誉的国债，如果不清楚相应的交易规则、不懂得国债投资技术，也可能带来投资损失。

一、债券概述

（一）债券的含义

债券是政府、金融机构、企业等机构直接向社会借债筹措资金时，向投资者发行，并且承诺按规定利率支付利息并按约定条件偿还本金的债权债务凭证。由此，债券包含了以下四层含义：

1. 债券的发行人（政府、金融机构、企业等机构）是资金的借入者；

2. 购买债券的投资者是资金的借出者；

3. 发行人（借入者）需要在一定时期还本付息；

4. 债券是债的证明书，具有法律效力。债券购买者与发行者之间是一种债权债务关系，债券发行人即债务人，投资者（或债券持有人）即债权人。

（二）债券的票面要素

债券作为证明债权债务关系的凭证，一般用具有一定格式的票面形式来表现（见图 3 - 1）。通常，债券票面上基本标明的内容要素有：

1. 票面价值。包括：币种；票面金额。

图3－1　债券票样

2. 还本期限。指债券从发行之日起至偿清本息之日止的时间。

3. 债券利率。债券利息与债券票面价值的比率，通常年利率用百分比表示。

4. 发行人名称。指明债券的债务主体，为债权人到期追回本金和利息提供依据。

上述四个要素是债券票面的基本要素，但在发行时并不一定全部在票面上印制出来，例如，在很多情况下，债券发行者是以公告或条例形式向社会公布债券的期限和利率。此外，一些债券还包含有其他要素，如还本付息方式。

思考：你能简要说明上述债券的票面要素吗?

（三）债券的特征

债券作为一种债权债务凭证，与其他有价证券一样，也是一种虚拟资本，而非真实资本，它是经济运行中实际运用的真实资本的证书。

债券作为一种重要的融资手段和金融工具具有如下特征：

1. 偿还性。债券一般都规定有偿还期限，发行人必须按约定条件偿还本金并支付利息。

2. 流通性。债券一般都可以在流通市场上自由转让。

3. 安全性。与股票相比，债券通常规定有固定的利率。与企业绩效没有直接联系，收益比较稳定，风险较小。此外，在企业破产时，债券持有者享有优先于股票持有者对企业剩余资产的索取权。

4. 收益性。债券的收益性主要表现在两个方面，一是投资债券可以给投资者定期或不定期地带来利息收入；二是投资者可以利用债券价格的变动，买卖债券赚取差额。

（四）债券的种类

债券的种类如图 3－2 所示。

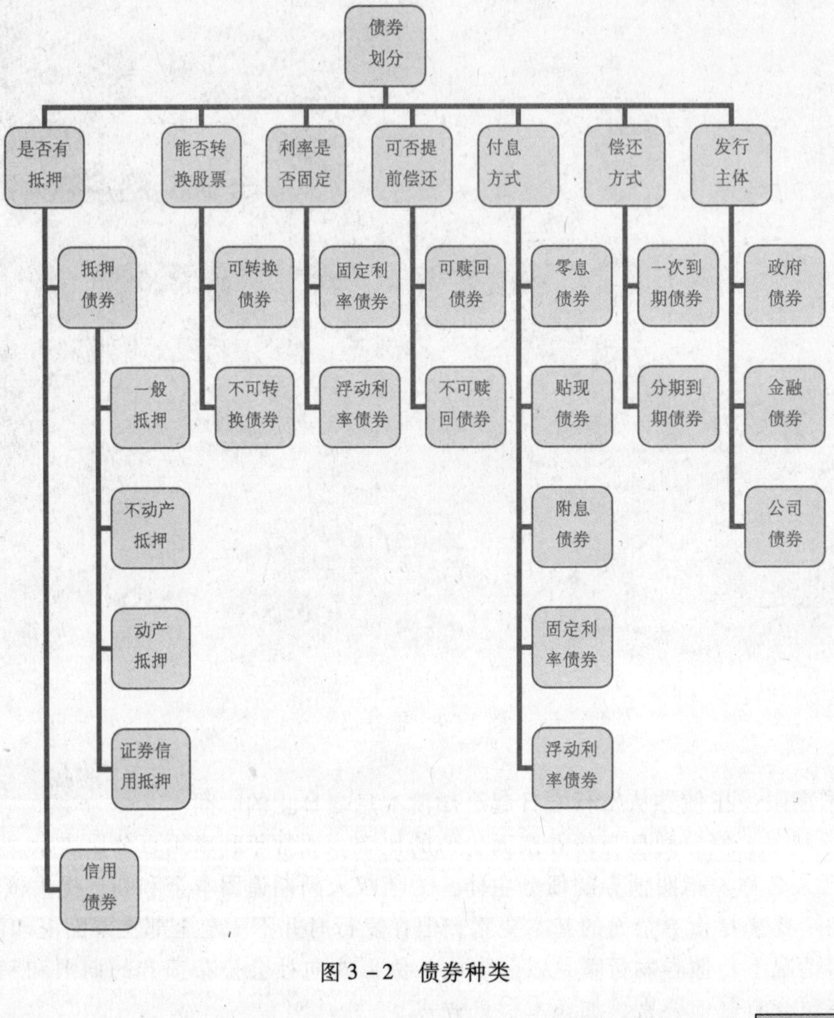

图 3－2　债券种类

名词解释

信用债券：是指不以任何公司财产作为担保，完全凭信用发行的债券。其持有人只对公司的非抵押资产具有追索权，企业的盈利能力是这些债券投资人的主要担保。

可转换债券：是指在特定时期内可以按某一固定的比例转换成普通股的债券，它具有债务与权益双重属性，属于一种混合性筹资方式。

可赎回债券：是指在债券到期前，发行人可以以事先约定的赎回价格收回的债券。公司发行可赎回债券主要是考虑到公司未来的投资机会和回避利率风险等问题，以增加公司资本结构调整的灵活性。

二、政府债券

（一）中央政府债券

中央政府债券又称“国家债券”或“国家公债券”。各国政府发行债券的目的通常是为了满足弥补国家财政赤字、进行大型工程项目建设、偿还旧债本息等方面的资金需要。国家债券按照偿还期限的长短可分为短期国家债券、中期国家债券和长期国家债券，但各国的划分标准不尽一致。

国家债券的发行者是中央政府，由国家承担偿还本息的责任，信誉好、风险小、流动性强、抵押代用率高，是最受投资者欢迎的金融资产之一。国家债券的发行量和交易量在证券市场一般都占有相当大的比重，不仅在金融市场上起着重要的融资作用，而且是各国中央银行进行公开市场业务的重要手段。国家债券的发行，一般在国内以本币币种发行，称作政府本币内债，在国外也有时以外币币种发行，称作政府外币债券。

从债券形式来看，我国发行的国债可分为凭证式国债、无记名（实物）国债和记账式国债三种。

1. 无记名国债（实物券或国库券）。国库券是国家财政当局为弥补国库收支不平衡而发行的一种政府债券。因国库券的债务人是国家，其还款保证是国家财政收入，所以它几乎不存在信用违约风险，是金融市场风险最小的信用工具。无记名国债的一般特点是：不记名、不挂失，可以上市流通（图3-3）。

2. （纸质）凭证式国债。凭证式国债，是指国家采取不印刷实物券，而用填制国库券收款凭证的方式发行的国债。它是以国债收款凭单的形式来作为债权证明，不可上市流通转让，从购买之日起计息。在持有期内，持券人如遇特殊情况需要兑取现金，可以到购买网点提前兑取。提前兑取时，除偿还本金外，利息按实际持有天数及相应的利率档次计算，经办机构按兑付本金的2‰收取手续费。

3. 记账式国债（电子凭证式）。记账式国债，又称为无纸化国债，如果投资者进行记账式债券的买卖，就必须在证券交易所设立账户。购买国债时银行不再提供任何实物、纸张单据给购买者，而是在其账户上记上一笔。这种记录债权人姓名、金额等事项，以账簿方式发行的国债就是记账式国债，在现代金融条件下多以电子账户为依托，因不必经过印刷、运输、保管券面等环节，所以发行成本较低，效率较高。或者说是没有实物形态的票券，投资者持有的国债登记于证券账户中，投资者仅取得收据或对账单以证实其所有权的一种国债。

凭证式国债与记账式国债的主要区别：

（1）申请购买手续不同。购买纸质凭证式国债，投资者可直接填写申请办理；购买电子记账凭证式国债，投资者需开立债券账户和资金账户，并填写购买申请后办理。

（2）债权记录方式不同。纸质凭证式国债采取填制“中华人民共和国凭证式国债收款凭证”的形式记录，由各承销团成员分支机构进行管理；电子记账凭证式国债债权采取二级托管体制，由各承办银行总行和中央国债登记结算有限责任公司以电子记录管理。

图 3－3　无记名国债票样

(3) 到期兑付方式不同。在国债利息计付方面，纸质凭证式国债到期后，需投资者前往承销机构网点办理兑付事宜，逾期不加计利息。而电子记账凭证式国债到期后，银行会自动将持有人应得的本金和利息转入其预先开设或指定的资金账户，转入资金账户的本息资金将作为居民存款，由银行按活期存款计付利息。这种灵活的计息方式，增强了国债作为投资品种的竞争力。

(二) 地方政府债券

地方政府债券又称"地方债券"，是由省、市、县、镇等地方政府发行的债券。发行这类债券的目的，是为了筹措一定数量的资金用于满足市政建设、文化进步、公共安全、自然资源保护等方面的资金需要。

在我国，所谓地方债券是相对国债而言，以地方政府为发债主体。不过我国债券业内也往往把地方企业发行的债券列为地方债券范畴。20 世纪 80 年代末至 90 年代初，许多地方政府为了筹集资金修路建桥，都曾经发行过地方债券。有的甚至是无息的，以支援国家建设的名义摊派给各单位，更有甚者就直接充当部分工资。但到了 1993 年，这一行为被国务院制止了，原因乃是对地方政府承付的兑现能力有所怀疑。此后颁布的《中华人民共和国预算法》第二十八条，明确规定"除法律和国务院另有规定外，地方政府不得发行地方政府债券"。

小资料

恢复地方债券应对金融危机

2009年3月，财政部代理发行了2 000亿地方债券，在这2 000亿地方债的分配方案中，四川由于受汶川大地震影响，获得的发行额度最大，达到180亿元。

其他省份，河北60亿元；新疆30亿元；安徽40亿元；云南84亿元；广西65亿元；陕西60亿元；宁夏30亿元；贵州64亿元；辽宁66亿元；广东110亿元。

地方债券获各省、市、自治区人大常委会《关于地方政府债券收支安排专项预算调整方案报告》通过后，即可发行上市。此前，新疆维吾尔自治区政府债券（一期）30亿元已获准发行，这也是全国范围内发行地方政府债券的第一期。

本次地方政府债券冠以发债地方政府名称，具体为“2009年××省（自治区、直辖市、计划单列市）政府债券（××期）”。债券期限为3年，利息按年支付，利率通过市场化招标确定。个人可购买，免征所得税。

值得一提的是，与诞生之初的备受关注形成对比，地方债在上市后却颇受冷落。4月3日，第一只地方债新疆债首日进入银行间和交易所市场交易，最高成交价100.03元，尔后跌至99.96元，当日交易所市场成交量仅为156.4万元。随后，安徽债上市，第一天竟没有任何交易，深市挂出的最高买入价仅为95.20元。紧接着上市的河南债、四川债、重庆债、天津债等，上市后也大多零成交。甚至像北京市、上海市、广西壮族自治区以及河南省地方政府债券也再度上演零成交的惨淡行情。这在某种程度上说明，我国地方政府债券仍然难以获得投资者的信任。

三、金融债券

金融债券是银行等金融机构作为筹资主体为筹措资金而面向个人发行的一种有价证券，是表明债务、债权关系的一种凭证。债券按法定发行手续，承诺按约定利率定期支付利息并到期偿还本金。它属于银行等金融机构的主动负债。

金融债券是由银行和非银行金融机构发行的债券。在英、美等欧美国家，金融机构发行的债券归类于公司债券。在我国及日本等国家，金融机构发行的债券称为金融债券。

金融债券能够较有效地解决银行等金融机构的资金来源不足和期限不匹配的矛盾。同时，金融机构发行债券时可以灵活规定期限，比如为了一些长期项目投资，可以发行期限较长的债券。因此，发行金融债券可以使金融机构筹措到稳定且期限灵活的资金，从而有利于优化资产结构，扩大长期投资业务。由于银行等金融机构在一国经济中占有较特殊的地位，政府对它们的运营又有严格的监管，因此，金融债券的资信通常高于其他非金融机构债券，违约风险相对较小，具有较高的安全性。所以，金融债券的利率通常低于一般的企业债券，但高于风险更小的国债和银行储蓄存款利率。

按不同标准，金融债券可以划分为很多种类。最常见的分类有以下两种：

1. 根据利息的支付方式，金融债券可分为附息金融债券和贴现金融债券。如果金融债券上附有多期息票，发行人定期支付利息，则称为附息金融债券；如果金融债券是以低于面值的价格贴现发行，到期按面值还本付息，利息为发行价与面值的差额，则称为贴现债券。

思考：

贴现债券收益率

现有一张票面金额为1 000元，期限为1年的贴现金融债券，发行价格为900元，1年到期时支付给投资者1 000元。那么该债券实际年收益率是多少？

按照国外通常的做法，贴现金融债券的利息收入要征税，并且不能在证券交易所上市交易。

2. 根据发行条件，金融债券可分为普通金融债券和累进利息金融债券。普通金融债券按面值发行，到期一次还本付息，期限一般是1年、2年和3年。普通金融债券类似于银行的定期存款，只是利率高些。累进利息金融债券的利率不固定，在不同的时间段有不同的利率，并且一年比一年高，也就是说，债券的利率随着债券期限的增加累进，比如面值1 000元、期限为5年的金融债券，第一年利率为9%，第二年利率为10%，第三年为11%，第四年为12%，第五年为13%。投资者可在第一年至第五年之间随时去银行兑付，并获得规定的利息。

此外，金融债券也可以像企业债券一样，根据期限的长短划分为短期债券、中期债券和长期债券；根据是否记名划分为记名债券和不记名债券；根据担保情况划分为信用债券和担保债券；根据可否提前赎回划分为可提前赎回债券和不可提前赎回债券；根据债券票面利率是否变动划分为固定利率债券、浮动利率债券和累进利率债券；根据发行人是否给予投资者选择权划分为附有选择权的债券和不附有选择权的债券等。

中国境内发行金融债券始于1985年，到目前为止，共发行过三类金融债券：

（1）1985年，为了解决国有商业银行信贷资金不足问题，中国工商银行、中国建设银行和其他非银行金融机构被批准向社会公开发行金融债券（见图3－4），用于发行特种贷款，这种金融债券继续一直持续到1992年，大约发行了200多亿元，以后再没有发行过。

图3－4 金融债券票样

（2）1994年，国家开发银行、中国进出口银行和中国农业发展银行三家政策性银行相继成立，这三家政策性银行的资本金和信贷资金开始由国家财政拨付，但是由于财政困难不能完全满足这三家银行的资本金和信贷资金的需求，国务院批准它们可以在银行间债券市场面向金融机构发行特种金融债券。到2002年底，这三家银行共发行此类金融债券15 299亿元。

（3）1997、1998两年，为了解决证券回购出现的问题，中国人民银行批准了14家金融机构先后发行16次金融债券，发行总规模56亿元。

1999年以后，我国金融债券的发行主体集中于政策性银行，其中，以国家开发银行为主，金融债券已成为其筹措资金的主要方式。

小资料

国家开发银行（China Development Bank）

国家开发银行是我国原三大政策性银行之一，于1994年3月成立，直属国务院领导。2008年12月16日，经批准，国家开发银行更名为“国家开发银行股份有限公司”，转制为商业银行。

国家开发银行主要通过开展中长期信贷与投资等金融业务，为国民经济重大中长期发展战略服务。国家开发银行贯彻国家宏观经济政策，筹集和引导社会资金，缓解经济社会发展的瓶颈制约和薄弱环节，致力于以融资推动市场建设和规划先行，支持国家基础设施、基础产业、支柱产业以及高新技术等领域的发展和国家重点项目建设；支持城镇化、中小企业、“三农”、教育、医疗卫生以及环境保护等“瓶颈”领域的发展。

目前我国两家政策性银行分别是国家进出口银行和中国农业发展银行。

近些年来，我国金融债券市场发展较快，金融债券品种不断增加，主要有以下几种：

1. 央行票据。央行票据即中央银行票据，是中央银行为调节商业银行超额准备金而向商业银行发行的短期债务凭证，其实质是中央银行债券。之所以叫“中央银行票据”，是为了突出其短期性（从已发行的央行票据来看，期限最短的3个月，最长的也只有1年）。

2. 证券公司债券。证券公司债券是指证券公司依法发行的、约定在一定期限内还本付息的有价证券。

3. 商业银行次级债券。商业银行次级债券是指商业银行发行的、本金和利息的清偿顺序列于商业银行其他负债之后，先于商业银行股权资本的债券。2004年底，我国商业银行次级债券共计发行748.8亿元；2005年共计发行1 036.3亿元；2006年共计发行525亿元。

4. 保险公司次级债。2004年9月29日，中国保监会发布了《保险公司次级定期债务管理暂行办法》。保险公司次级定期债务是指保险公司经批准定向募集的、期限在5年以上（含5年），本金和利息的清偿顺序列于保单责任和其他负债之后、先于保险公司股权资本的保险公司债务。该办法所称保险公司，是指依照中国法律在中国境内设立的中资保险公司、中外合资保险公司和外资独资保险公司。中国保监会依法对保险公司次级定期债务的定向募集、转让、还本付息和信息披露行为进行监督管理。

与商业银行次级债务不同的是，按照该办法，保险公司次级债务的偿还只有在确保偿还次级债本息后偿付能力充足率不低于100%的前提下，募集人才能偿付本息；并且，募集人在无法按时支付利息或偿还本金时，债权人无权向法院申请对募集人实施破产清偿。

小资料

区分两个“次级”

本部分所讲商业银行和保险公司次级债券中的“次级”仅仅是从债券的偿还顺序而言；而在2007年开始我们经常听到的“次贷（次级贷款）危机”中所讲的次级则表示信用等级；在美国，银行通常将贷款客户的信用等级分为优惠级和次级两大类，两者所享受的贷款利率是不同的，通常后者高于前者。

5. 证券公司短期融资券。2004年10月，中国证监会和中国银监会制定并发布《证券公司短期融资券管理办法》。证券公司短期融资券是指证券公司以短期融资为目的，在银行间债券市场发行的约定在一定期限内还本付息的金融债券。

6. 混合资本债券。2006年9月6日中国人民银行发布了《全国银行间债券市场金融债券发行管理办法》，就商业银行发行混合资本债券的有关事宜进行了规定。混合资本债券是一种混合资本工具，它比普通股票和债券更加复杂。《巴塞尔协议》并未对混合资本工具进行严格定义，仅规定了混合资本工具的一些原则特征，而赋予各国监管部门更大的自由裁量权，以确定本国混合资本工具的认可标准。中国银监会借鉴其他国家对混合资本工具的有关规定，严格遵照《巴塞尔协议》要求的原则特征，选择以银行间市场发行的债券作为我国混合资本工具的主要形式，并由此命名我国的混合资本工具为混合资本债券。我国的混合资本债券是指商业银行为补充附属资本发行的、清偿顺序位于股权资本之前但列在一般债务和次级债务之后、期限在15年以上、发行之日起10年内不可赎回的债券。

四、公司债券

公司债券是公司依照法定程序发行、约定在一定期限内还本付息的有价证券，它表明发行债券的公司和债券投资者之间的债权债务关系。公司债券的持有人是公司的债权人，而不是公司的所有者，这是与股票持有者最大的不同点，债券持有人有按约定条件向公司取得利息和到期收回本金的权利，取得利息优先于股东分红，公司破产清算时，也优于股东而收回本金。但债券持有者不能参与公司的经营、管理等各项活动。

公司债有如下特点：

1. 风险性较大，公司债券的还款来源是公司的经营利润，但是任何一家公司的未来经营都存在很大的不确定性，因此公司债券持有人承担着损失利息甚至本金的风险。

2. 收益率较高，风险与收益成正比的原则，要求较高风险的公司债券需提供给债券持有人较高的投资收益。

3. 对于某些债券而言，发行者与持有者之间可以相互给予一定的选择权。

4. 因其反映的是债权关系，故不拥有对公司的经营权，但是可以于股东优先享有索取利息和优先要求补偿和分配剩余资产的权利。

小资料

企业债券发行的条件

根据《证券法》第十六条的规定，发行公司债券，必须符合下列条件：(1) 股份有限公司的净资产不低于人民币3 000万元，有限责任公司的净资产不低于人民币6 000万元；(2) 累计债券余额不超过公司净资产的40%；(3) 最近3年平均可分配利润足以支付公司债券1年的利息；(4) 筹集的资金投向符合国家产业政策；(5) 债券利率不超过国务院限定的利率水平；(6) 国务院规定的其他条件。

发行公司债券筹集的资金，必须用于审批机关批准的用途，不得用于弥补亏损和非生产性支出。上市公司发行可转换为股票的公司债券时，除应具备上述发行公司债券的条件外，还应当符合《证券法》关于公开发行股票的条件，并报国务院证券监督管理机构批准。

《证券法》第十八条规定了公司债券发行的禁止性条件，即凡有下列情形之一的，不得再次发行公司债券：(1) 前一次发行的公司债券尚未募足的；(2) 对已发行的公司债券或者其他债务有违约或者迟延支付本息的事实，且仍处于继续状态的；(3) 违反《证券法》规定，改变公开发行公司债券所募资金的用途的。

公司债券的发行方式有三种，即面值发行、溢价发行、折价发行。假设其他条件不变，债券的票面利率高于同期银行存款利率时，可按超过债券票面价值的价格发行，称为“溢价发行”。溢价是企业以后各期多付利息而事先得到补偿。如果债券的票面利率低于同期银行存款利率，可按低于债券面值的价格发行，称为“折价发行”。折价是企业以后各期少付利息而预先给投资者补偿。如果债券的票面利率与同期银行存款利率相同，可按票面价格发行，称为“面值发行”。溢价或折价是发行债券企业在债券存续期内对利息费用的一种调整。

五、国债的买卖

（一）国债的购买

1. 无记名式国债的购买。无记名式国债的购买者主要是各种机构投资者和个人投资者。无记名式实物券国债的购买是最简单的。投资者可在发行期内到销售无记名式国债的各大银行（包括中国工商银行、中国农业银行、中国建设银行、交通银行等）和证券机构的各个网点，持款填单购买，也可以利用证券账户委托经营机构在证券交易所场内购买。无记名式国债的面值种类一般为100元、500元、1 000元等。

2. 凭证式国债的购买。凭证式国债主要面向个人投资者发行。其发售和兑付是通过各大银行的储蓄网点、邮政储蓄部门的网点以及财政部门的国债服务部办理。其网点遍布全国城乡，能够最大限度满足群众购买、兑取需要。投资者购买凭证式国债可在发行期间内持款到各网点填单交款，办理购买事宜。由发行点填制凭证式国债收款凭单，其内容包括购买日期、购买人姓名、购买券种、购买金额、身份证件号码等，填完后交购买者收妥。

办理手续和银行定期存款办理手续类似。凭证式国债以百元为起点整数发售，按面值购买。发行期过后，对于客户提前兑取的凭证式国债，可由指定的经办机构在控制指标内继续向社会发售。投资者在发行期后购买时，银行将重新填制凭证式国债收款凭单，投资者购买时仍按面值购买。购买日即为起息日。兑付时按实际持有天数、按相应档次利率计付利息（利息计算到到期时兑付期的最后一日）。

3. 记账式国债的购买。记账式国债是通过交易所交易系统以记账的方式办理发行。投资者购买记账式国债必须在交易所开立证券账户或国债专用账户，并委托证券机构代理进行。因此，投资者必须拥有证券交易所的证券账户，并在证券经营机构开立资金账户才能购买记账式国债。

（二）国债的兑取

1. 无记名国债一般不得提前兑取，到期一次还本付息，由银行、邮政系统储蓄网点和财政国债中介机构办理；或实行交易场所场内兑付。

2. 凭证式国债到期兑取。投资者持发行期内购买的凭证式国债到期兑取时，可在兑付期内到原购买点办理。凭证式国债没有统一规定的到期日，投资者在发行期内的购买日期的日月数（哪月哪日）即为到期日期的日月数，从购买日起按债券期限（几年）对月对日计算。投资者可在从到期日起的兑付期内到原购买点办理兑付。故投资者应留意凭证式国债的购买日期。到期时利息按规定利率计算，逾期不加计利息。

发行期结束后投资者持购买的凭证式国债，到期兑取时可在兑付期内到原购买点办理。利息按实际持有天数和相应档次利率计算，利息最长计算到兑付期的最后一日。如果投资者在兑付期内没有办理兑取事宜，可在原购买点问清延期兑付的地点和办法。延期兑取需付少量手续费。

3. 凭证式国债提前兑取。投资者购买凭证式国债后如需变现，可随时到原购买点全额提前兑取，不能部分提前兑取。提前兑取除偿还本金外，利息按实际持有天数和相应的利率档次分档计息。投资者应清楚各个档次的利率，和掌握提前兑取的利息计算方法。投资者要求提前兑取，可持"凭证式国债收款凭单"和证明本人身份的有效证件办理兑付手续。

不过，票面收益率比银行储蓄利息高，不代表拿到手的收益一定比银行的利息要多。按照本期国债的相关规定，在购买本期国债后如需变现，投资者可随时到原购买网点提前兑取。但是，提前兑取时，按兑取本金的0.1%收取手续费，并按实际持有时间及相应的分档利率计付利息。

具体利息如下：从购买之日起，3年期和5年期凭证式国债持有时间不满半年不计付利息；满半年不满1年按0.36%计息；满1年不满2年按1.71%计息；满2年不满3年按2.52%计息；5年期凭证式国债持有时间满3年不满4年按3.69%计息，满4年不满5年按3.87%计息。

思考：

凭证式国债提前兑取的利息计算

某投资者购买了某年发行的3年期、5年期国债各两万元，两年后由于特殊原因该投资者急需大笔现金，于是提前兑取所持有的国债。根据规定，该国债兑取条件如下：

3 年期票面年利率 3.73%；5 年期票面年利率 4.00%，提前兑取计息标准是：从购买之日起，3 年期和 5 年期凭证式国债持有时间不满半年不计付利息；满半年不满 1 年按 0.36% 计息；满 1 年不满 2 年按 1.71% 计息；满 2 年不满 3 年按 2.52% 计息；5 年期凭证式国债持有时间满 3 年不满 4 年按 3.69% 计息，满 4 年不满 5 年按 3.87% 计息。

请问：该投资者能获得多少本金和利息（别忘了手续费哟）？

六、公司债券的交易

1. 发行申购。根据 1996 年中国证监会《关于规范企业债券在证券交易所上市交易等有关问题的通知》规定，企业债券暂不利用证券交易所电脑系统上网发行，企业债券发行地点、方式以企业发行公告为准。

投资者如果想要认购企业债券，则需要阅读相关的发行公告。企业债券经过发行后经允许可在深、沪证券交易所挂牌上市。

2. 委托交易。

（1）交易规则。交易时间：每周一至周五，每天上午 9：30 至 11：30，下午 1：00 至 3：00 法定公众假期除外。

- 交易原则：价格优先、时间优先。
- 报价单位：以张（面值 100 元）为报价单位，即“每百元面值的价格”，价格是指每 100 元面值企业债券的价格。
- 委托买卖单位：以手为交易单位，每次交易最小数量是 1 手，以人民币 1 000 元面额为 1 手（10 张），以 1 手或其整数倍进行申报。

相关链接

股票委托买卖单位

股票委托买卖单位与债券一样，以手为交易单位，每次交易最小数量为一手。但股票是以 100 股作为一手，这是与债券的不同之处。

- 价格最小变化档位：债券的申报价格最小变动单位为 0.01 元人民币。
- 涨跌幅限制：不设涨跌限制。
- 申报上限：单笔申报最大数量应当低于 1 万手（含 1 万手）。
- 交易方式：T+1。
- 竞价方式：与其他证券交易一样，债券交易一般采用电脑集合竞价和连续竞价两种方式。
- 竞价时间：

集合竞价：上午 9：15～9：25。

连续竞价：上午 9：30～11：30，下午 1：00～3：00。

- 上市首日申报竞价规定：深交所上市债券上市首日集合竞价申报价格的有效范围为前收盘价（发行价）上下各 150 元（即 15 000 个价格升降单位），进入连续竞价后申报价格的有效范围为最后成交价上下各15元（即1 500个价格升降单位）。

（2）上交所上市债券上市首日开盘采用集合竞价方式，当日行情显示该债券证券名称前冠以“N”以示提醒，第二天起采用连续竞价交易。

- 上市后申报价格限制：深市：上市首日后，每次买卖竞价申报价格的有效范围为最近成交价上下各5元（即500个价格升降单位）。
- 证券代码：

深市：11 ****

沪市：12 ****

3. 交易费用。投资者委托交易商买卖债券时，应向交易商交纳佣金，佣金每笔起点5元，最高不得超过成交金额的2‰。

七、债券投资策略

第一，在投资债券时，不论是选择长期获利投资，还是选择技巧性投资，都应对国民经济的发展趋势有所了解和预见，做到因时而动。如果经济处于上升阶段，利率趋于上调，那么这时投资债券就要慎重，尤其是在债券利率属于历史低点时，就更要慎重。如果此时选择的是长期获利投资，到期后反而可能低于同期存入的储蓄收益。因为债券利率一经发行就是固定的，而储蓄利率则随着经济形势的变化而变化。反之如果经济走向低潮，利率趋于下调，部分存款便会流入债券市场，债券价格就会呈上升趋势，这时进行债券投资可获得较高收入，尤其是在债券利率属历史高点时，收益更为可观。

第二，分散风险。分散风险的办法有以下几种：（1）债期分散法。即使债券的组合保持一种台阶式期限结构，投资人均等地持有短、中、长期各种债券；（2）种类分散法。即投资者不把资金全部用来购买一种债券，而应投放在多种类型的债券上；（3）确定收益法。不管市场利率如何变化，先在投资时确定一个收益率，在目标时间上使这一收益率保持在一定水平上。并使用利息收入进行再投资，最终使由于利率变动而产生的资本损失与再投资收入相抵，消除利率风险。

案例解析：

债期分散法

例如，有1～5年期债券5种，投资者按20%的比例，把5种债券都买进一些。当一年期债券到期本利变现后，再按20%比例购买一种5年期的债券，依此类推。这样每年都有20%债券变现，确保了投资具有一定流动性，也分散了利率风险。

第三，根据不同的情况，选择投资不同期限的债券。（1）在预期未来市场利率下跌时，要投资于长期债券；（2）为防止利率变动风险，可投资于浮动利率债券；（3）为防止通货膨胀，可投资于短期债券或保值公债。

第四，凭证式国债在提前兑取时，利息按实际持有天数和相应的利率档次分档计息。因此，对于自己的资金使用时间不确定者最好不要买凭证式国债，以免因提前支取而损失了钱财。凭证式国债更适合资金长期不用者，特别适合把这部分钱存下来进行养老的老年投资者。

第二节 股 票

财富故事

股市“博傻”的惨淡结局

2007年4月，一向对股市淡漠且一窍不通的张老师，经不住身边同事的一再怂恿，将工作两年积蓄的3万元投入股市，稀里糊涂地成了一位股民。令人捧腹的是张老师的选股方法竟然是看哪个股票代码顺眼就选哪个。但是，在那个股民俗称“博傻”的年代，买什么股票都翻着倍的往上涨，张老师的股票也是短期内即给她带来丰厚的收益。然而，好景不长，股市“5·30”事件给她尚未热身的股市经历来了个当头一棒，仅三天时间，张老师的收益荡然无存，并且本金还小幅亏损，其所持股票跌幅远大于平均水平。但是，不到一个月，中国股市重拾升势，遗憾的是，此时张老师还是持“博傻”心态进行选股和交易，并没有学习相关的专业投资知识。因此当2007年10月美国次贷危机引发的世界金融海啸波及到国内后，其所持股票惨不忍睹，当股民们亏损50%时，她已损失近八成。

请问：李老师的经历向我们揭示了什么？

一、股票概述

（一）股票的含义

股票是一种有价证券，是股份有限公司在筹集资本时向出资人公开发行的、用以证明出资人的股东身份和权利，并根据股票持有人所持有的股份数享有权益和承担义务的可转让的书面凭证。股票代表其持有人（即股东）对股份公司的所有权，每一股股票所代表的公司所有权是相等的，即我们通常所说的“同股同权”。股票的含义包含以下三个方面的内容：

1. 股票是一种出资证明，当一个自然人或法人向股份有限公司参股投资时，便可获得股票作为出资的凭证。

2. 股票的持有者凭借股票来证明自己的股东身份，参加股份公司的股东大会，对股份公司的经营发表意见。

3. 股票持有者凭借股票参加股票发行企业的利润分配，也就是通常所说的分红。

（二）股票的特点

相对于其他证券产品，股票有如下显著特点：

1. 不可偿还性。股票是一种无偿还期限的有价证券，投资者认购了股票后，就不能再要求退股，只能到二级市场卖给第三者。

2. 参与性。股东有权出席股东大会，选举公司董事会，参与公司重大决策。股票持有者的投资意志和享有的经济利益，通常是通过行使股东参与权来实现的。股东参与公司决策的权利大小，取决于其所持有的股份的多少。

3. 收益性。股东凭其持有的股票，有权从公司领取股息或红利，获取投资的收益。股息或红利的大小，主要取决于公司的赢利水平和公司的赢利分配政策。股票的收益性，还表现在股票投资者可以获得价差收入或实现资产保值增值。通过低价买入和高价卖出股票，投资者可以赚取价差利润。

4. 流通性。股票的流通性是指股票在不同投资者之间的可交易性。流通性通常以可流通的股票数量、股票成交量以及股价对交易量的敏感程度来衡量。可流通股数越多，成交量越大，价格对成交量越不敏感（价格不会随着成交量一同变化），股票的流通性就越好，反之就越差。股票的流通，使投资者可以在市场上卖出所持有的股票，取得现金。通过股票的流通和股价的变动，可以看出人们对于相关行业和上市公司的发展前景和赢利潜力的判断。那些在流通市场上吸引大量投资者、股价不断上涨的行业和公司，可以通过增发股票，不断吸收大量资本进入生产经营，收到了优化资源配置的效果。

5. 价格波动性和风险性。股票在交易市场上作为交易对象，同商品一样，有自己的市场行情和市场价格。由于股票价格要受到诸如公司经营状况、供求关系、银行利率、大众心理等多种因素的影响，其波动有很大的不确定性。正是这种不确定性，有可能使股票投资者遭受损失。价格波动的不确定性越大，投资风险也越大。因此，股票是一种高风险的金融产品。

（三）股票的种类

1. 普通股。普通股是指在公司的经营管理和赢利及财产的分配上享有普通权利的股份，代表满足所有债权偿付要求及优先股东的收益权与求偿权要求后对企业赢利和剩余财产的索取权。普通股构成公司资本的基础，是股票的一种基本形式。目前，在上海和深圳证券交易所中交易的股票都是普通股。普通股股东按其所持有股份比例享有以下基本权利：

（1）公司决策参与权。普通股股东有权参与股东大会，并有建议权、表决权和选举权，也可以委托他人代表其行使其股东权利；

（2）利润分配权。普通股股东有权从公司利润分配中得到股息。普通股的股息是不固定的，由公司赢利状况及其分配政策决定。普通股股东必须在优先股股东取得固定股息之后才有权享受股息分配权；

（3）优先认股权。如果公司需要扩张而增发普通股股票时，现有普通股股东有权按其持股比例，以低于市价的某一特定价格优先购买一定数量的新发行股票，从而保持其对企业所有权的原有比例；

（4）剩余资产分配权。当公司破产或清算时，若公司的资产在偿还欠债后还有剩余，其剩余部分按先优先股股东、后普通股股东的顺序进行分配。

2. 优先股。优先股是相对于普通股而言，优先股在利润分红及剩余财产分配的权利方面优先于普通股。优先股股东有两种权利：

（1）优先分配权。在公司分配利润时，拥有优先股票的股东比持有普通股票的股东，分配在先，但是享受固定金额的股利，即优先股的股利是相对固定的；

（2）优先求偿权。若公司清算，分配剩余财产时，优先股在普通股之前分配。注：当公司决定连续几年不分配股利时，优先股股东可以进入股东大会来表达他们的意见，保护他们自己的权利。

小资料

优先股在我国

中国目前的上市公司还没有一家发行优先股，因为中国的公司法没有规定优先股的相关条款，所以不会发行优先股。

3. A股。是以人民币计价，面对中国公民发行且在境内上市的股票。

4. B股。是以美元港元计价（沪市挂牌B股以美元计价，而深市B股以港元计价），面向境外投资者发行，但在中国境内上市的股票。

5. H股。是以港元计价在香港发行并上市的境内企业的股票。

6. 其他股。中国企业在美国、新加坡、日本等地上市的股票，分别称为N股、S股和T股。

7. 蓝筹股。是指有着优良的业绩、收益稳定、股本规模大、红利优厚、股价走势稳健、市场形象良好的股票。某种程度上，蓝筹股几乎成了绩优股的代名词。

8. 成长股。是指发行股票时规模并不大，但公司的业务蒸蒸日上，管理良好，利润丰厚，产品在市场上有竞争力的公司的股票。

9. 绩优股。是指那些业绩优良，但增长速度较慢的公司的股票。这类公司有实力抵抗经济衰退，但这类公司并不能给你带来振奋人心的利润。

10. ST股。ST是英文Special Treatment缩写，意即“特别处理”。特别处理政策针对的对象是出现财务状况或其他状况异常的股票。需要指出的是，特别处理并不是对上市公司的处罚，而只是对上市公司目前所处状况的一种客观揭示，其目的在于向投资者提示市场风险，引导投资者进行理性投资，如果公司异常状况消除，可以恢复正常交易。

思考：

股票名称前面的字母含义

除了ST股外，还有些股票前面会带有X、D、XD、N等字母，你知道这些字母所代表的含义吗？请查询相关资料。

（四）股票交易程序

股票的交易程序一般包括开户、委托买卖、成交、清算及交割、过户等几个过程。

1. 开户。

A股开户流程见图3－5。机构法人A股开户手续稍有不同，具体步骤如下：

（1）开立股东卡：经办人持营业执照副本、法人授权书、法人代表证明书、开户银行账号、法人及本人身份证、开户费（沪400元、深500元），交柜台；

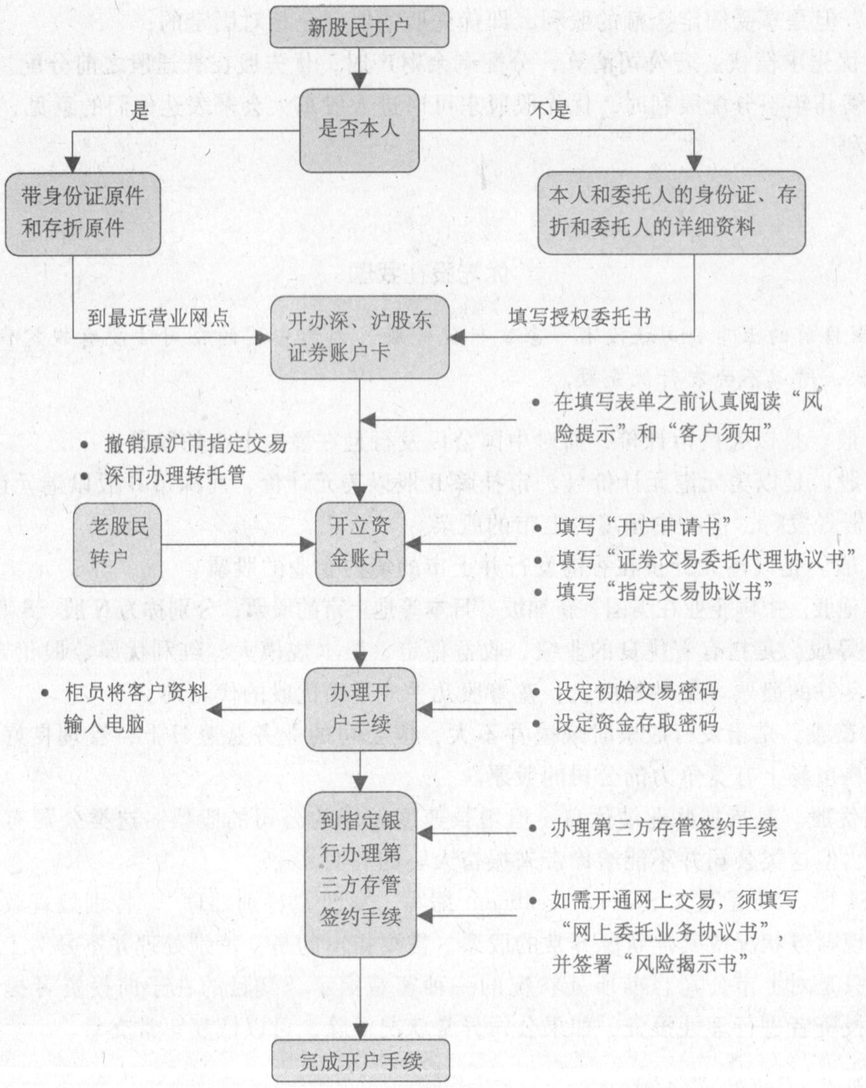

图 3－5　股票开户流程

（2）经办人持营业执照副本、法人授权书、法人及本人身份证、银行账号，在资金柜台填写开户协议书。

B 股开户流程：

（1）凭本人身份证明文件，到外汇存款银行将现汇存款或外币现钞存款划入银行 B 股保证金账户，获取进账凭证（不允许跨行或跨地划转外汇资金）；

（2）凭本人有效身份证明和本人进账凭证到证券公司开立 B 股资金账户（最低金额 1 000美元或 7 800 港元）；

（3）最后，凭 B 股资金开户证明开立 B 股股票账户，开户费为上海 19 美元，深圳 120 港元。

投资者如需入市，应事先开立证券账户卡。分别开立深圳证券账户卡和上海证券账户卡。

H 股开户流程：大陆投资者若想买卖 H 股，应在中国银行天津分行开立个人境外证券投资外汇账户，并委托其在香港中银国际证券有限公司开立对应的证券代理账户。非天津居民可不用专门跑到天津开户，中国银行其他境内分支机构在与天津中行签订合作协议后，也可办理天津中行个人证券投资外汇账户开户及代收中银国际证券代理账户开户申请材料。

小资料

无限期推迟“港股直通车”

2007年8月20日：国家外汇管理局发布《开展境内个人直接投资境外证券市场试点方案》，天津滨海新区首先试点，拟由中国银行天津分行推出个人投资港股业务。国家外汇管理局（SAFE）宣布了“港股直通车”计划（through-train）。两个月后，情况逆转，2007年11月：温家宝总理暗示港股直通车还需时间落实，无限期推迟“港股直通车”。因此投资者投资港股还需要等待。

2. 委托买卖。以A股委托为例：

（1）柜台递单委托。携带身份证和账户卡，到已开设资金账户的证券营业部柜台填写委托买进或卖出股票的委托书，然后由柜台工作人员审核后执行。

（2）电脑自动委托。在证券营业部大厅的电脑上亲自输入买入或卖出的股票代码、数量和价格，由电脑来执行委托指令。

（3）电话自动委托。电话拨通开设资金账户的证券营业部柜台电话自动委托系统，用电话上的数字和符号键输入买进或卖出股票的代码、数量和价格，从而完成委托。

（4）远程终端委托。通过与证券柜台电脑系统联网的远程终端或互联网下达买进或卖出指令。

3. 竞价成交。

（1）集合竞价。所谓集合竞价，就是在当天还没有成交价的时候，可以根据前一天的收盘价和对当日股市的预测来输入股票价格，而在这段时间里输入计算机的所有价格都是平等的，不需要按照时间优先和价格优先的原则成交，而是按最大成交量的原则来定出股票的价格，这个价格就称为集合竞价的价位，而这个过程就称为“集合竞价”。

到9：25以后，就可以看到证券公司大盘上各种股票集合竞价的成交价格和成交数量。根据上交所和深交所的规定，在每个交易日的9：15～9：25期间交易所只接受申报，不进行撮合，但可以撤单。9：25时，电脑主机自动撮合产生开盘价。在每个交易日9：25～9：30期间交易所既不接受申报也不接受撤单，9：30开始进入连续竞价。

（2）从每个交易日9：30开始，电脑撮合系统经过集合竞价处理后，即进入连续竞价阶段。在连续竞价阶段，证券交易所的计算机开始对每一种股票，按照“价格优先、时间优先和数量优先”的原则竞价成交。

4. 清算交割。

（1）清算交割有两种情况，其一是证券商与交易所之间的清算交割。证券商一般都必须在证交所所属的清算公司或委托银行处开设专门清算账户，由清算公司集中清算，并以内部划账、转账等方式交割净余额股票或价额；其二是委托人与证券商之间的清算交割，即买者支付现金获得股票，卖者交付股票获得现金，这种清算由电脑自动完成；

（2）交割日期。我国目前实行T+1的交割制度，股民所查询到的账户上的资金余额与股票余额均为可用数，不包括因委托买入而冻结的现金余额、因委托卖出而冻结的股票余额和当日买入成交的股票数量。即当日买进不能当日卖出，当日卖出后资金当日到账，可于当日再次买进。

相关链接

"T+0"交割制度

T+0：所谓的T+0的T，是指股票成交的当天日期。凡在股票成交当天办理好股票和价款清算交割手续的交易制度，就称为T+0交易。通俗地说，就是当天买入的股票在当天就可以卖出。T+0交易曾在中国实行过，但因为它的投机性太大，所以，自1995年1月1日起，为了保证股票市场的稳定，防止过度投机，股市改为实行"T+1"交易制度，但对资金仍然实行"T+0"，即当日回笼的资金马上可以使用。目前，港股就实行"T+0"的交割制度。

5. 过户。由于证券交易所实行证券集中保管和无纸化交易，股票的过户手续在成交的同时就已经由电脑自动完成了，无需专门办理股票过户手续。

二、股票投资基本分析

（一）宏观分析

1. 国内宏观经济分析。

（1）国内生产总值（GDP）。GDP是衡量宏观经济发展状况的主要指标之一。快速增长的GDP表明该国经济正迅速扩张，因此，该国公司有更多的机会获得优良的经营业绩，从而促进股票价格的上涨；而增长缓慢或负增长的GDP则表明该国经济比较低迷，大部分公司的赢利情景就比较暗淡，许多公司的股票价格就会上升乏力，甚至下跌。

（2）通货膨胀。是指商品和劳务的货币价格持续普遍上涨，是影响经济活动的一项重要因素。当发生通货膨胀时，市场利率必然会上升，而且投资者预期的通货膨胀率越高，其所要求的通货膨胀风险溢价也越高，市场利率上升的幅度也越大。当通货膨胀来临之时（甚至之前），市场利率上升，造成股票价格下跌。

小资料

CPI与PPI

CPI是消费者物价指数（Consumer Price Index）的英文缩写，是由反映与居民生活有关的商品及劳务价格统计出来的物价变动指标，通常作为观察通货膨胀水平的重要指标。一般说来当CPI>3%时，就是通货膨胀；而当CPI>5%时，就是严重的通货膨胀。

PPI是生产者物价指数（Producer Price Index）的英文缩写，它是站在生产者的角度来观察不同时期货物和服务商品价格水平变动的一种物价指数，反映了生产环节价格水平，也是制定有关经济政策和国民经济核算的重要依据。在我国，PPI一般指统计局公布的工业品出厂价格指数。

根据价格传导规律，PPI对CPI有一定的影响。PPI反映生产环节价格水平，CPI反映消费环节的价格水平。整体价格水平的波动一般首先出现在生产领域，然后通过产业链向下游产业扩散，最后波及消费品。

（3）失业率。失业率是失业人口占总劳动力的比率。失业率与经济增长率有很强的相关关系，失业率高，表明该国经济发展缓慢，公司也不景气，同时，人均国民收入降低，股市投资额减少，这些都会促使股价下跌；而失业率低，则表明该国经济发展迅速，公司前景看好，居民收入增加，股市的资金也会比较充裕，从而促使股票价格的上涨。

（4）利率。当利率上升时，公司的投资成本增加，公司的经营业绩通常也会有不同程度的恶化，而同时利率的上升又减少了未来现金流的现值，从而导致了股票价格的下跌。

（5）汇率。当本国货币贬值时，国内出口企业提供的商品和服务在国际市场上以外币表示的价格就会降低，国际竞争力增强，促进本国商品的出口，增强国内经济的发展。这样，公司（尤其是出口公司）的赢利前景就比较好，使股票的价格有上涨的空间。如果本国货币升值，出口商品的外币价格上升，降低了国际竞争力，阻碍商品的出口，影响国内经济的发展，这样公司（尤其是出口公司）的赢利就会下降，使得股票价格下跌。

（6）财政收支状况。一国财政收支包括财政收入和财政支出两个方面。当一国财政收不抵支时，就出现财政赤字。弥补财政赤字的方式有两种：一是发行更多的货币；二是发行国债。前一种方式虽然比较简便，但会造成通货膨胀，各国当局已经很少采用这种方式，而一般以发行国债的方式来弥补财政赤字。如果财政赤字过大，政府大量发行国债，就会增加经济中的信贷需求，造成市场利率的上升。很多经济学家认为，政府过多的举债，会对私人举债和投资产生“挤出”效应，造成利率上升，这又进一步阻碍了企业的投资。

2. 宏观经济政策分析。

（1）财政政策。财政政策是一国政府为实现一定的宏观经济目标而采取的调整财政收入规模和收支平衡的一系列指导原则及其相应的措施的总称。当经济增长缓慢或处于衰退时，政府通常会采用积极的财政政策。如果是采用扩大财政支出的方式，就会直接扩大对商品和劳务的总需求，刺激企业的投资，改善企业的经营业绩，促进国内经济的发展；同时还可以增加居民的收入，使其投资和消费能力增强，进一步促进国内经济的发展。在这种情况下，股票价格自然趋于上涨。如果政府是采用降低税率的方式来实施积极的财政政策，最终效果也一样。因为税率的降低会直接增加微观经济主体的收入，促进他们的消费和投资需求，从而促进国内经济的发展，改善企业的经营业绩。相反，如果政府缩减财政支出或提高税率，将促使股票价格下降。

小资料

财政政策工具

财政政策工具主要有：税收、国债、转移支付、财政补贴等。

（2）货币政策。货币政策是中央银行为实现特定的经济目标运用各种货币政策工具调节货币供给和利率水平，进而影响宏观经济的方针和措施的总称。货币政策主要是通过影响市场利率水平来实现。

中央银行实施货币政策时，有三个政策工具可供采用：

①公开市场业务，即中央银行在金融市场上公开买卖政府债券以控制货币供给和影响利率水平的行为。当经济过热时，中央银行就出售债券，一方面可以回收货币，减少货币供应量，导致市场利率水平上升；另一方面，又会促使金融市场上的债券价格下跌，市场利率上升。如果经济不景气，中央银行则进行相反操作，购进债券，促使利率下降，刺激社会的有

效需求，促进经济发展。

②再贴现政策，即中央银行通过直接调整或制定对合格票据的贴现利率，以干预和影响市场利率水平，从而调节货币供应量。再贴现政策包括再贴现率的调整和向中央银行申请再贴现资格的限定。当经济过热时，中央银行会提高再贴现率，一方面可以向市场起到“告示”作用，说明国家判断经济过热，有紧缩的意向；另一方面，又增加商业银行获得资金的成本，间接提高客户的贷款利率，使得银行信用量收缩，减少货币供应量。这两方面都会使得市场利率上升，从而给过热的经济降温。当认为经济处于衰退状态或即将衰退时，中央银行将下调再贴现率，以促进经济发展。

③法定存款准备金政策，即中央银行在法律所赋予的权利范围内，通过调整商业银行上缴中央银行的存款准备金率，以改变货币乘数，控制商业银行的信用创造能力，最终影响市场的货币供应量。当经济过热时，中央银行就可以调高法定存款准备金率，使市场货币供应量较大幅度地减少，从而促进市场利率上升，投资和消费需求减少。相反，当经济陷入严重衰退时，中央银行可以调低法定存款准备金率，使市场货币供应量有较大幅度的增长，促使利率下降，刺激投资和消费需求，促进经济发展。

小资料

财政政策与货币政策的联合

两种政策的搭配方式，主要有三种协调配合模式：

- 双扩张政策。经济严重衰退时，同时采取扩张性财政政策和扩张性货币政策。其适用条件是：大部分企业开工不足，设备闲置；劳动力就业不足；大量资源有待开发；市场疲软。
- 双紧缩政策。经济过热，发生通货膨胀时期，配合运用紧缩性财政政策和紧缩性货币政策。其适用条件是：需求膨胀，物价迅速上涨；瓶颈产业对经济起严重制约作用；经济秩序混乱。
- 松紧搭配政策。某些特定条件下，可以根据财政政策和货币政策的作用特点，按照相反方向配合使用这两种政策。具体搭配方式有两种：一种是扩张性财政政策与紧缩性货币政策的搭配。其适用条件是：财政收支状况良好，财政支出有充足的财源；私人储蓄率下降；物价呈上涨趋势。另一种是紧缩性财政政策与扩张性货币政策的搭配。其适用条件是：财力不足，赤字严重；储蓄率高；市场疲软。

（3）供给政策。供给政策着眼于提高经济的生产能力，其目的是创造一个良好的环境，使工人和资本所有者有最大的动力和能力来从事生产活动。供给政策包括如税收政策、教育政策、研究开发政策等。

3. 国际金融市场。国际金融市场的剧烈动荡一方面直接使我国投资者产生心理恐慌，影响股票市场；另一方面从宏观面和政策面间接影响股票市场的发展。2007 年 8 月，美国次级抵押贷款危机全面爆发，美国道琼斯和纳斯达克指数大幅下挫，同时引起全球股市的强烈震荡，迫使各国央行不得不对金融市场紧急补充流动性。2007 年 8 月 16 日，我国的股票市场也受其影响，上海证券交易所综合指数下跌 104. 43 点，下跌幅度为 2. 14%；深圳证券交易所成分指数下跌 269. 37 点，下跌幅度为 1. 65%。

（二）行业分析

1. 行业分析基础理论。行业分析就是对上市公司所处的行业状况进行分析。行业的景气状况在相当程度上决定了有关企业当前的获利能力和未来的增长潜力。因此，选择一个恰当的行业是股票投资决策的重要内容之一，也是投资赢利的先决条件之一。

（1）行业生命周期分析。行业的生命周期是指从行业的产生到消失所经历的全部过程。行业的生命周期可分为四个阶段：产生、发展、成熟、衰退，可以根据社会对行业的需求变化来确定行业所处的发展阶段。各行业随着行业需求的变动呈现曲线发展。在不同的行业发展阶段，股票投资的风险、收益和策略应有所不同。

①产生期。行业发展的初期，由于新技术本身的不成熟，市场前景不明朗，需要投入较大的研究发展费用，而且获利较少，此时投资者往往要冒失败的风险。

②发展期。当行业进入发展期，新产品得到了社会的认可，销售量急剧上升，新产品所能带来的巨大利润将吸引众多企业投入研究，更多的产品将投入市场，在这一阶段，投资者往往可以得到相当丰厚的回报。在这一阶段投资也有风险，但较产生期风险已大大减少，在同类企业中选择管理水平高，较早进入该行业及拥有资源优势的企业，则回报会更丰厚。

③成熟期。在这一阶段，销售量呈缓慢增长，行业内的竞争变得更为激烈，企业纷纷以低价策略争夺市场份额，利润也随之下降。进入这一阶段，企业大多表现出稳健发展的特征，收益增长虽不及发展期，但风险却更小，不喜欢冒风险的投资者可以考虑选购此类股票。当然，在成熟期如经营得当，能不断开拓新市场和进行技术创新的企业，也可能成为迅速发展的企业。

④衰退期。行业进入衰退期，利润下降，规模会逐渐减小，这时竞争将主要来自新成长的行业，若已投资于这类行业，则需要密切注意股票市价的变动，调整相应的投资组合。

（2）行业特性分析。行业的生命周期分析，是从纵向的角度，对一个行业现在所处的发展阶段和今后的发展趋势作出分析和判断。为了在不同的行业之间进行比较和选择，还须从横向的角度，对各行业的特点进行分析，这就是行业特性分析。行业特性分析包括以下几个方面：

①行业竞争。一个行业存在着五种基本竞争力量，即潜在的加入者、替代品的生产者、讨价还价的供应者、讨价还价的购买者、行业内现有竞争对手。这五种基本竞争力量的状况以及它们的综合强度，决定着行业竞争的激烈程度，决定着行业中利润的最终潜力。一般而言，行业内现有竞争者间的抗衡往往能起决定性的作用，而同行竞争又与该行业的市场结构有关。根据各行业中企业数量、产品性质、企业控制价格的能力、新企业进入该行业的难易程度、是否存在非价格竞争等因素，行业的市场结构可分为完全竞争、垄断竞争、寡头垄断、完全垄断四种。从竞争程度看，这四种市场结构是依次递减的。这四种市场结构的主要特征如表3－1所示。

表3－1　各种市场结构的特征对比

特征	完全竞争	不完全竞争		
		垄断	寡头垄断	垄断竞争
售卖者数量	众多	一个	几个主要生产者	众多
购买者数量	众多	众多	众多	众多
产品的性质	同质	同质，或异质	同质或异质	相似，但异质
市场信息	完全流通	不流通	不完全流通	不完全流通

续表

特征	完全竞争	不完全竞争		
		垄断	寡头垄断	垄断竞争
竞争程度	最高	最低	颇低	颇高
进出市场	自由	极困难、或不可能	十分困难	自由
供给者的定价角色	受价者	寻价者	寻价者	寻价者
非价格竞争	沒有	有	有	有

②行业在国民经济中的地位和作用。行业在国民经济中的地位和作用，主要表现在以下三个方面：一是行业的产值、税额及吸收劳动力的数量在工业总产值、财政收入和就业总量中的比重；二是行业的现状和未来对整个社会经济及其他行业产生影响的程度；三是行业在国际市场上竞争、创汇的能力。在分析行业的国民经济地位时，确定该行业是否是国民经济发展的主导行业是非常重要的。一般国家社会经济的发展过程，都有一个重工业化的过程。在重工业化过程中，又有一个高加工度的过程，即轻重工业都会由以原料工业为重心转向以加工、组装工业为重心。由于在不同的社会经济发展阶段，有不同的发展重心，因此，也就会产生不同的起带头作用的主导行业。

知识问答

主导产业

主导产业在产业结构中，处于主要的支配地位，比重较大，综合效益较高，与其他产业关联度高，对国民经济的驱动作用较大，是具有较大的增长潜力的产业。

例如，工业中的原材料工业（钢材、化工产品）、能源工业（煤炭、石油、电力）、技术装备业（机械、汽车）、消费制造业（服装、家电）等。

你能举出我国国民经济中其他行业的主导产业吗?

③行业供求形势。行业的市场供求形势是指行业所生产产品的现时供求状况和变化趋势。

2. 行业分类概述。

（1）根据产业未来可预期发展前景，产业可分为：朝阳产业和夕阳产业。朝阳产业是指未来发展前景看好的产业，如目前的信息产业。夕阳产业的划分具有一定的相对性。一个国家或地区的夕阳产业在另一个国家或地区则可能是朝阳产业。朝阳产业和夕阳产业之间也可相互转化，即朝阳产业在其发展的动力渐渐丧失后就会成为夕阳产业

（2）按照产业所采用技术的先进程度，产业可分为：新兴产业和传统产业。新兴产业是指采用新兴技术进行生产，产品技术含量高的产业，如电子业。传统产业是指采用传统技术进行生产，产品技术含量低的产业，如资源型产业。

以第三次技术革命为标志的，也就是以微电子技术、基因工程技术、海洋工程技术、太空技术等为技术基础的产业成为新兴产业，而以机械、电力等为技术基础的产业称为传统产业。新兴产业和传统产业内部也可做进一步的分类。一般地，新兴产业多为朝阳产业，传统

产业多为夕阳产业。

（3）按照产业的要素集约度，可以分为：资本密集型、技术密集型、劳动密集型产业。三者之间并没有严格界限，有些产业同时是资本密集型和技术密集型，如汽车产业。一般地，资本密集型产业容易产生垄断。

（4）根据产业的发展与国民经济的周期性变化的关系，产业可分为：成长型产业、周期型产业、防御型产业、成长周期型产业。

3. 寻找未来产业。

（1）信息产业将在21世纪继续得以发展；

（2）环境产业将会大发展，这是中国远远落后于西方国家的部分；

（3）生物工业，这将绝对是21世纪的朝阳产业。生物工业包括：①新生物品种的培育；②医药生物工业；③生物材料的开发等。

（4）能源产业将获得新突破（新能源产业）；

（5）近期“物联网”产业的提出等。

名词解释

物联网（Internet of Things）：指的是将各种信息传感设备，如射频识别（RFID）装置、红外感应器、全球定位系统、激光扫描器等信息传感设备与互联网连接起来，进行信息交换和通信，实现智能化识别、定位、跟踪、监控和管理。

（三）公司分析

公司分析现在一般分为公司基本分析、公司财务分析和其他重要因素分析三个方面。“公司基本分析”分为行业地位分析、区位分析、产品分析、公司经营管理能力分析、成长性分析。“公司财务分析”是指对公司财务报表的分析。“其他重要因素分析”主要包含投资项目分析、资产重组、关联交易、会计和税收政策的变化对业绩的影响。

1. 公司基本分析。

（1）行业地位分析。公司在所处行业中的竞争地位，如企业规模、产品售价、获利能力等。对于公司之间的比较，只有放在行业背景下才能得出客观、公正的比较结果。比如家电行业由于销售模式的制约往往有较大的应收账款，而零售行业则一般较少。

（2）区位分析。不同的上市公司处于不同的地理位置和行政区域。由于不同区位的自然条件、资源状况、产业政策、政府扶持力度等方面都不相同，所以在考察一个公司时自然要结合公司所处的区位来分析。

（3）产品分析。产品分析主要考察由成本、技术、质量构成的竞争能力。

（4）经营管理能力分析。主要考察管理人员对公司管理是否有效、管理费用相对于销售收入比例如何、财务状况是否稳健等。

（5）成长性分析。通过考察公司过去几年的规模变动、利润增长、投资收益等方面的状况，来了解公司是否有发展潜力。

2. 公司的主要财务报表。

财富故事

蓝田股份的神话破灭之一：简要回顾

蓝田股份做为一家以农业为主的综合性经营企业，1996年发行上市以后，在财务数字上一直保持着神奇的增长速度：总资产规模从上市前的2.66亿元发展到2000年末的28.38亿元，增长了9倍，历年年报的业绩都在每股0.60元以上，最高达到1.15元。即使遭遇了1998年特大洪灾以后，每股收益也达到了不可思议的0.81元，5年间股本扩张了360%，创造了中国农业企业罕见的“蓝田神话”。

当时最动听的故事之一就是蓝田的鱼鸭养殖每亩产值高达3万元，而同样是在湖北养鱼，武昌鱼的招股说明书的数字显示：每亩产值不足1 000元，稍有常识的人都能看出这个比同行高出几十倍的奇迹的破绽。

最先挑破这个破绽的是一个叫刘姝威的人，她为此获得了由中央电视台评选的“2002中国经济年度人物”，并被称为“中国股市的良心”。2001年12月，她以一篇600字的短文对蓝田神话直接提出了质疑，这篇600字的短文是刘姝威写给《金融内参》的，它的标题是《应立即停止对蓝田股份发放贷款》。文章在对蓝田的资产结构、现金流向情况和偿债能力作了详尽分析后，得出结论是蓝田业绩有虚假成分，而业绩神话完全依靠银行贷款，20亿贷款蓝田根本无力偿还。

这篇短文好似一根针扎在了蓝天股份这个巨大的肥皂泡上。一幕股市丑剧由此开始被揭开，蓝田的贷款黑洞公之于众。此后不久，国家有关银行相继停止对蓝田股份发放新的贷款。由此，蓝田赖以生存的资金链条断裂。最早在公开场合提出蓝田资金链断裂的，是中国蓝田的掌门人瞿兆玉。2001年11月底，蓝田股份召开临时股东大会，瞿兆玉承认由于银行不再给蓝田发放贷款，导致蓝田陷入困境。

2002年1月12日，蓝田总公司总裁瞿兆玉、总会计师黎洪福、董事会秘书王意玲等11名中高层管理人员被公安机关拘传，随后进入司法程序。2002年1月21日、22日以及23日上午，蓝田股份被强制停牌。

（资料来源：《蓝田绩优神话即将终结》，《南方周末》，2002年1月18日。）

一般来说作为普通投资者我们了解一个上市公司企业信息的主要来源就是公司按国家颁布的“企业会计制度”定期发表的财务报表（即年报、中报等）。所以我们需要对这些报表有一定的了解，并从中提取出所需要的信息。财务报表主要由资产负债表、利润表、现金流量表和一些附表组成。

（1）资产负债表。反映企业在某一特定时日（年末、年中、季末）财务状况的报表，列出了企业的资产、负债、所有者权益及其相关信息。

（2）利润表，又称损益表。反映企业在一定时期内经营成果的报表，通过同一会计期内营业收入及营业费用进行配比，以计算出净利润。

（3）现金流量表。反映企业在一定时期内现金流入、流出及现金净流量的会计报表。

另外，有时企业为了具体说明经营成果、财务状况的某一方面，在年报、中报中往往还编制辅助性会计报表，也称为附表。常见的有，利润分配表、资产明细表、所有者权益变动表等。这些附表有时也有重要的参考价值。

需要强调的是，除了上面所说的会计报表、附表外，在年报、中报中附在后面的注释也能提供一些重要信息，如报表合并前一些分公司、子公司的报表等，以及会计师事务所是否提供了无保留的审计报告也是对公司财务报表进行分析时重要的参考项目。

3. 财务报表分析的方法。将报表分为三个方面：单个年度的财务比率分析、不同时期的比较分析、与同业其他公司之间的比较。

单个年度的财务比率分析的内容主要包括：

（1）偿债能力分析：

流动比率＝流动资产/流动负债

流动比率可以反映短期偿债能力。一般认为生产企业合理的最低流动比率是2。影响流动比率的主要因素一般认为是营业周期、流动资产中的应收账款数额和存货周转速度。

速动比率 ＝（流动资产－存货）/流动负债

由于种种原因存货的变现能力较差，因此把存货从流动资产中减去后得到的速动比率反映的短期偿债能力更令人信服。一般认为企业合理的最低速动比率是1。但是，行业对速动比率的影响较大。比如，商店几乎没有应收账款，比率会大大低于1。影响速动比率的可信度的重要因素是应收账款的变现能力。

$$\text{保守速动比率（超速动比率）}=\frac{\text{货币资金}+\text{短期投资}+\text{应收票据}+\text{应收账款}}{\text{流动负债}}$$

进一步去掉通常与当期现金流量无关的项目如待摊费用等。

现金比率＝（货币资金/流动负债）

现金比率反应了企业偿还短期债务的能力。

应收账款周转率 ＝ 销售收入/平均应收账款

反映年度内应收账款转为现金的平均次数。如果周转率太低则影响企业的短期偿债能力。

应收账款周转天数 ＝ 360天/应收账款周转率

反映年度内应收账款转为现金的平均天数，其影响的是企业的短期偿债能力。

财富故事

蓝田股份的神话破灭之二：应收账款之迷的离奇解释

蓝田股份2000年主营业务收入18.4亿元，而应收账款仅857万元。公司方面称，由于公司基地地处洪湖市瞿家湾镇，占公司产品70%的水产品在养殖基地现场成交，上门提货的客户中个体比重大，当地银行没有开通全国联行业务，客户办理银行电汇或银行汇票结算货款业务，必须绕道70公里去洪湖市区办理，故采用“钱货两清”方式结算成为惯例，造成应收账款数额极小。蓝田股份的这一解释引出新的疑问，该公司似乎在上市公司中又创出一项奇迹，即近18亿多主营业务收入主要靠现金交易完成。稍懂财会知识的人士，势必对蓝田股份“钱货两清”方式结算下的销售收入产生怀疑。另外，蓝田股份去年野藕汁、野莲汁等饮料销售收入达5.29亿元，难道饮料销售是因市场供不应求而未出现应收账款吗？

（资料来源：《蓝田绩优神话即将终结》，《南方周末》，2002年1月18日。）

（2）资本结构分析（或长期偿债能力分析）：

股东权益比率＝股东权益总额/资产总额×100%

反映所有者提供的资本在总资产中的比重，反映企业的基本财务结构是否稳定。一般来说，比率高是低风险、低报酬的财务结构，比率低是高风险、高报酬的财务结构。

资产负债比率＝负债总额/资产总额×100%

资产负债比率反映总资产中有多大比例是通过借债得来的。

资本负债比率＝负债合计/股东权益期末数×100%

资本负债比率比资产负债率更能准确地揭示企业的偿债能力状况，因为公司只能通过增加资本的途径来降低负债率。资本负债率为200%为一般的警戒线，若超过则应该格外关注。

长期负债比率＝长期负债/资产总额×100%

长期负债比率是判断企业债务状况的一个指标。它不会增加企业的短期偿债压力，但是它属于资本结构性问题，在经济衰退时会给企业带来额外风险。

有息负债比率＝（短期借款＋一年内到期的长期负债＋长期借款＋应付债券＋长期应付款）/股东权益期末数×100%

无息负债与有息负债对利润的影响是完全不同的，前者不直接减少利润，后者可以通过财务费用减少利润；因此，公司在降低负债率方面，应当重点减少有息负债，而不是无息负债，这对于利润增长或扭亏为盈具有重大意义。在揭示公司偿债能力方面，100%是国际公认的有息负债对资本比率的资本安全警戒线。

（3）经营效率分析：

净资产调整系数＝（调整后每股净资产－每股净资产）/每股净资产

调整后每股净资产＝（股东权益－3年以上的应收账款－待摊费用－待处理财产净损失－递延资产）/普通股股数

上式中减掉的是四类不能产生效益的资产。净资产调整系数越大说明该公司的资产质量越低。特别是如果该公司在系数很大的条件下，其净资产收益率仍然很高，则要深入分析。

营业费用率 ＝营业费用/主营业务收入×100%

财务费用率＝财务费用/主营业务收入×100%

营业费用率和财务费用率反映企业财务状况的指标。

三项费用增长率＝（上期三项费用合计－本期三项费用合计）/本期三项费用合计

三项费用合计＝营业费用＋管理费用＋财务费用

三项费用之和反应了企业的经营成本，如果三项费用合计相对于主营业务收入大幅增加（或减少）则说明企业产生了一定的变化，要引起注意。

存货周转率＝销货成本×2/（期初存货＋期末存货）

存货周转天数＝360天/存货周转率

存货周转率（天数）表达了公司产品的产销率，如果和同行业其他公司相比周转率太小（或天数太长），就要注意公司产品是否能顺利销售。

固定资产周转率＝销售收入/平均固定资产

固定资产周转率是衡量企业运用固定资产效率的指标，指标越高表示固定资产运用效果越好。

总资产周转率＝销售收入/平均资产总额

总资产周转率越大说明销售能力越强。

主营业务收入增长率 =（本期主营业务收入 - 上期主营业务收入）/上期主营业务收入 ×100%

一般当产品处于成长期，主营业务收入增长率应大于10%。

其他应收账款与流动资产比率 = 其他应收账款/流动资产

其他应收账款主要核算与生产经营销售活动无关的款项来往，一般应该较小。如果该指标较高则说明流动资金运用在非正常经营活动的比例高，就应该注意是否与关联交易有关。

（4）赢利能力分析：

营业成本比率 = 营业成本/主营业务收入 ×100%

在同行之间，营业成本比率最具有可比性，原因是原材料消耗大体一致，生产设备及工资支出也较为一致，发生在这一指标上的差异可以说明各公司之间在资源优势、区位优势、技术优势及劳动生产率等方面的状况。那些营业成本比率较低的同行，往往就存在某种优势，而且这些优势也造成了赢利能力上的差异。相反，那些营业成本比率较高的同行，在盈利能力上不免处于劣势地位。

营业利润率 = 营业利润/主营业务收入 ×100%

销售毛利率 =（主营业务收入 - 主营业务成本）/主营业务收入 ×100%

财富故事

蓝田股份的神话破灭之三：不可思议的毛利率

按照蓝田股份披露的和蓝田总公司的结算价格野莲汁为46.8元每箱（24罐），野藕汁为44.2元每箱，按照市场上常见的蓝田野莲汁、野藕汁包装估算，假设每3罐野莲汁、野藕汁为一公斤（每罐蓝田饮料为350ML）大概每公斤饮料蓝田股份获得5.85元的销售额。按照披露的信息，每公斤饮料实现利润2.42元。如果按照33%的所得税，蓝田股份每公斤饮料实现的2.42元净利润（税后）至少需要2.42/0.67 = 3.61元的所得，也就是说蓝田股份靠每公斤5.85元的销售额至少实现了3.61元的利润，利润率为61.71%，在竞争激烈的饮料行业能够实现这种高额利润吗？

（资料来源：《蓝田绩优神话即将终结》，《南方周末》，2002年1月18日。）

税前利润率 = 利润总额/主营业务收入 ×100%

税后利润率 = 净利润/主营业务收入 ×100%

税前、税后利润率指标都是从某一方面反应企业的获利能力的。

资产收益率 = 净利润 ×2/（期初资产总额 + 期末资产总额）×100%

资产收益率反应了企业的总资产利用效率，或者说是企业所有资产的获利能力。

净资产收益率 = 净利润/净资产 ×100%

净资产收益率又称股东权益收益率，这个指标反应股东投入的资金能产生多少利润。

经常性净资产收益率 = 剔除非经常性损益后的净利润/股东权益期末数 ×100%

一般来说资产只能产生“剔除非经常性损益后的净利润”所以用这个指标来衡量资产状况更加准确。

主营业务利润率 = 主营业务利润/主营业务收入 ×100%

一个企业如果要实现可持续性发展，主营业务利润率处于同行业前列并保持稳定十分重要。但是如果该指标异忽寻常地高于同业平均水平也应该谨慎了。

固定资产回报率 = 营业利润/固定资产净值 ×100%

总资产回报率 = 净利润/总资产期末数 ×100%

经常性总资产回报率 = 剔除非经常性损益后的净利润/总资产期末数 ×100%

上述三项指标都是从某一方面衡量资产收益状况。

（5）投资收益分析：

市盈率 = 每股市场价/每股净利润

净资产倍率 = 每股市场价/每股净资产值

资产倍率 = 每股市场价/每股资产值

（6）现金保障能力分析：

销售商品收到现金与主营业务收入比率 = 销售商品、提供劳务收到的现金/主营业务收入 ×100%

正常周转企业该指标应大于1。如果指标较低，可能是关联交易较大、虚构销售收入或透支将来的销售，都可能会使来年的业绩大幅下降。

经营活动产生的现金流量净额与净利润比率 = 经营活动产生的现金流量净额/净利润 ×100%

净利润直接现金保障倍数 =（营业现金流量净额 - 其他与经营活动有关的现金流入 + 其他与经营活动有关的现金流出）/主营业务收入 ×100%

营业现金流量净额对短期有息负债比率 = 营业现金流量净额/（短期借款 + 1 年内到期的长期负债）×100%

每股现金及现金等价物净增加额 = 现金及现金等价物净增加额/股数

每股自由现金流量 = 自由现金流量/股数

（自由现金流量 = 净利润 + 折旧及摊销 - 资本支出 - 流动资金需求 - 偿还负债本金 + 新借入资金）

（7）利润构成分析：利润总额由主管业务利润、其他业务利润、期间费用（营业费用、管理费用、财务费用之和）、投资收益和营业外收支净额构成。其构成关系式为：

利润总额 = 主管业务利润 + 其他业务利润 - 期间费用 + 投资收益 + 营业外收支净额

主营业务利润水平和比重代表着企业的创利能力，它是公司经营的核心目的。

由于期间费用都是企业为了主营业务的营销、管理、融资活动发生的，所以在具体分析时，可以将利润表中的“主管业务利润”和期间费用相抵后作为主营业务实际利润进行结构分析更具有实际意义。由此我们可以应用“比重 = 构成项目/总体指标”分析主营业务实际利润、其他业务利润、投资收益、营业外收支净额各构成项目分别占利润总额的比重。

财富故事

蓝田股份的神话破灭之四：看不到野藕汁卖，却有上亿元的利润

蓝田股份年报显示，公司的蓝田野藕汁、野莲汁饮料销售收入达5亿元之巨。照此推断，全国应该到处都卖蓝田野藕汁、野莲汁，而且很热销。但是全国很多地方的投资者表示，并没有看到这种热销场面，甚至在当地市场根本没有见到过野藕汁，看到的只是中央电视台连篇累牍的广告。

（资料来源：《蓝田绩优神话即将终结》，《南方周末》，2002年1月18日。）

4. 综合上述个方面分析，本书给出判断好公司的几个重要指标以供参考：（1）主营业务突出（收入占80%以上）；（2）利润稳步增长（尤其是主营业务利润稳步增长）；（3）投资收益较为稳定；（4）资产总额稳步增长；（5）毛利率较高，且保持稳定或上升（20%以上）；（6）预收账款较高，且保持稳定；（7）货币资金充足且保持稳定；（8）每股盈利较高且保持稳定或增长；（9）每股净资产较高；（10）每股资本公积和未分配利润较高；（11）市净率（价格／每股净资产）较低；（12）市盈率（价格／每股盈利）较低。

三、股票投资技术分析

（一）技术分析概述

所谓技术分析，是指直接对证券市场的市场行为所作的分析，其特点是通过对市场过去和现在的行为，应用数学和逻辑的方法，探索出一些典型的规律并据此预测证券市场的未来变化趋势。

技术分析是基于三项合理的市场假设：一是市场涵盖一切信息；二是价格沿趋势移动；三是历史会重演。第一条假设是进行技术分析的基础；第二条假设是进行技术分析最根本、最核心的因素；第三条假设是从人的心理因素方面考虑的。

证券市场中，价格、成交量、时间和空间是进行分析的四个要素，这几个因素的具体情况和相互关系是进行正确分析的基础。

1. 价和量是市场行为的最基本的表现，价即价格，量即成交量（如图3－6）。成交量与价格趋势有密切关系，股市有句俗话“天量天价、地量地价”说的就是这个道理。具体说来，量与价的关系体现在以下几个方面：（1）股价随着成交量的递增而上涨为市场行情的正常特性，此种量增价涨关系，表示股价将继续上升；（2）在一波段的涨势中，股价随着递增的成交量而上涨，突破前一波的高峰，创下新高后继续上涨。然而，此波段股价上涨的但成交量水准却低于前一波段的成交量水准，股价突破创新高，量却没有突破创新，则此波段股价涨势令人怀疑，同时也是股价趋势潜在的反转信号；（3）股价随着成交量的递减而回升，即股价上涨，成交量却逐渐萎缩，成交量是股价上涨的原动力，原动力不足是股价趋势潜在的反转信号；（4）有时股价随着缓慢递增的成交量而逐渐上涨，渐渐地走势突然成为垂直上升的喷发行情，成交量急剧增加，股价暴涨。紧随着此波走势，继之而来的是成交量大幅度萎缩，同时股价急速下跌，这种现象表示涨势已到末期，上升乏力，走势力竭，显示出趋势反转的现象。反转所具有的意义将视前一波股价上涨幅度的大小及成交量扩增的

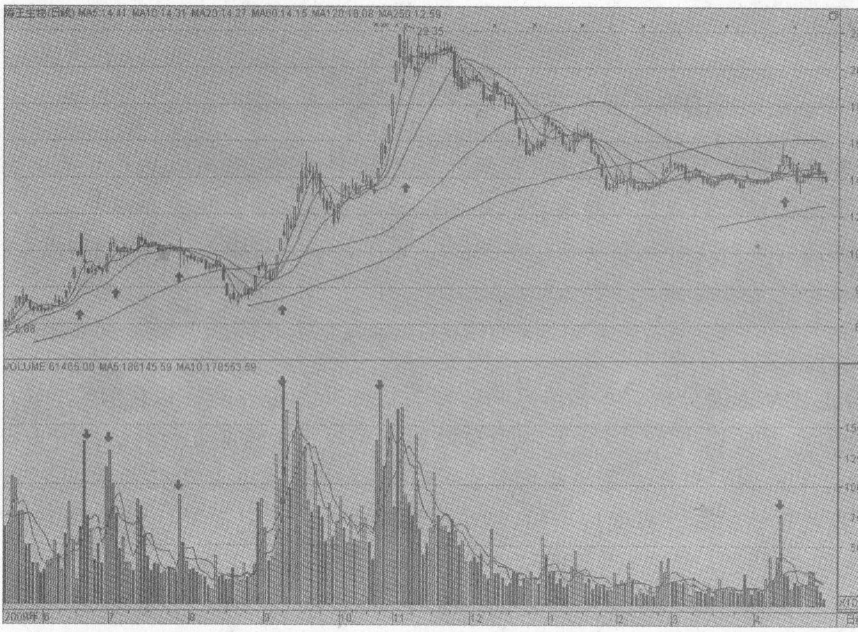

图 3-6 量价关系（向下箭头对应相对天量，向上箭头对应相对天价）

程度而定；(5) 在一波段的长期下跌过程中，形成谷底后股价回升，成交量并没有因股价上涨而递增，股价上涨欲振乏力，然后再度跌落至先前谷底附近，或高于谷底。当第二谷底的成交量低于第一谷底时，是股价上涨的信号；(6) 股价下跌，向下跌破股价形态趋势线或移动平均线，同时出现大成交量，是股价下跌的信号，表明趋势反转形成空头市场；(7) 股价下跌一段相当长的时间，出现恐慌性卖出，随着日益扩大的成交量，股价大幅度下跌；继恐慌性卖出之后，预期股价可能上涨，同时恐慌性卖出所创的低价，将不可能在极短的时间内跌破。恐慌性大量卖出之后，往往是空头的结束；(8) 当市场行情持续上涨很久，出现急剧增加的成交量，而股价却上涨乏力，在高位盘旋，无法再向上大幅上涨，显示估价在高位大幅震荡，卖压沉重，从而形成股价下跌的因素；股价连续下跌之后，在低位出现大成交量，股价却没有进一步下跌，价格仅小幅变动，是进货的信号；(9) 成交量作为价格形态的确认。如果没有成交量的确认，价格形态将是虚的，其可靠性也就差一些；(10) 成交量是股价的先行指标。关于价和量的趋势，一般说来，量是价的先行者。当量增时，价迟早会跟上来；当价升而量不增时，价迟早会掉下来。从这个意义上，我们往往说“价是虚的，而只有量才是真实的”。

2. 时间和空间是市场潜在能量的表现。“时间”是指完成某个过程经过的时间长短，通常是指一个波段或一个升降周期所经历的时间。时间在进行行情判断时有着很重要的作用。“空间”是指价格的升降所能够达到的程度。在某种意义上讲，空间可以认为是价格的一个方面，指的是价格波动能够达到的极限。

（二）K线理论

1. K线的画法。K线是一条柱状的线条，由影线和实体组成。影线在实体上方的一部分叫上影线，下方的一部分叫下影线；实体分阳线和阴线两种，又称红（阳）线和黑（阴）线（如图 3-7）。

图3－7　K线基本形状

2. K线主要形状（图3－8）。

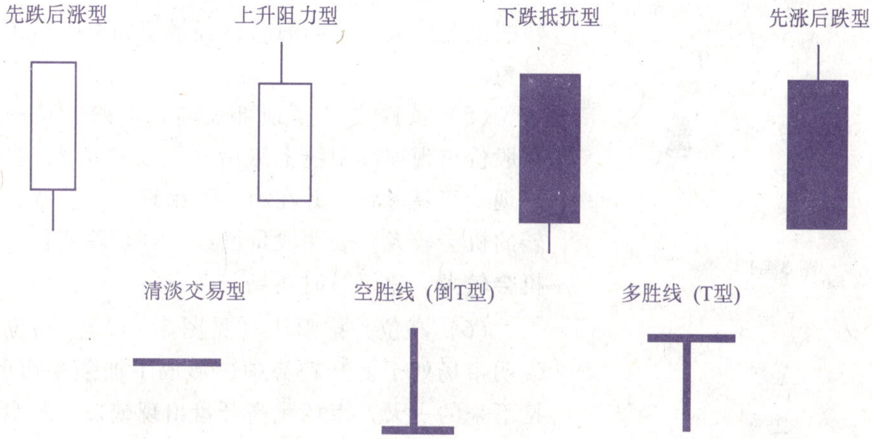

图3－8　K线的几种主要形态

3. K线的几种常见组合形状（见图3－9至图3－19）。

（1）锤型线（见图3－9）：小实体在交易区域的偏上部分；实体的颜色不重要；下影线应比实体长很多，通常是2～3倍；没有上影线或非常短。表示市场已经处在下降趋势中，有熊市的气氛。市场开盘后就疯狂性地卖出，然而，疯狂卖出被抑制了，市场又回到了或接近了当天的最高点。市场连续卖出的中止降低了熊市的感觉，大多数投资者将担心他们手中的空头头寸。如果收盘价高于开盘价，产生一条阳线，情况甚至有利于多头。第二天较高的开盘价和更高的收盘价将使得锤型线的牛市含义得到确认。

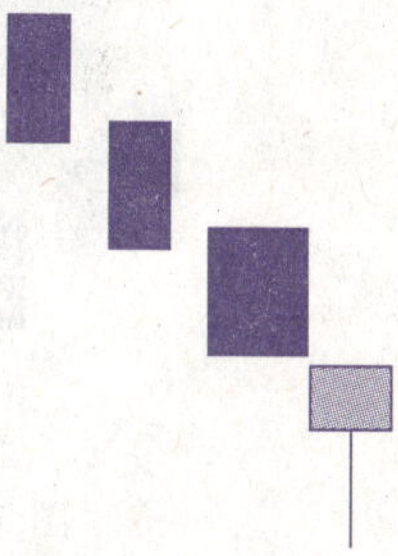

图3－9

（2）射击之星（见图3－10）：在上升趋势中，市场跳空高开，出现新高，最后收盘在当天较低位置，上影线为实体的2倍或2倍以上而没有下影线或下影线很短的阴线或阳线。射击之星是可靠性极高的见顶信号，是卖出的最佳时机。

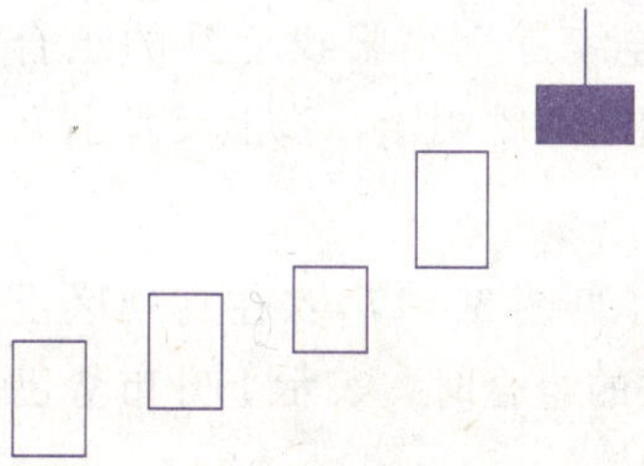

图3－10

图 3－11

（3）黑云盖顶（穿头破脚）型（见图 3－11）：在上升行情中，出现一根跳空高开的中长阴线（收盘价格下降到了超过阳线实体），面对此线，任何一个多头都不得不重新考虑自己的投资策略，此时，明显的反转趋势已经形成。阴线穿过阳线的程度越深，顶部反转的机会越大。

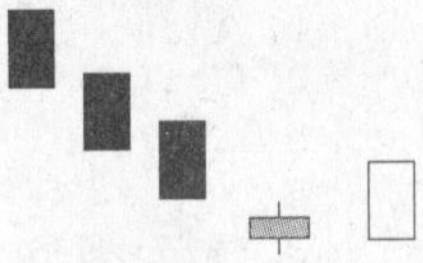

图 3－12

（4）早晨之星（底部反转，上涨，见图 3－12）：在股价出现连续下跌阴线后（至少三天），股价在低位出现十字星形状，并在第二天出现较长阳线，则底部反转的机会较大，表明股价已经触底回升，后市上扬不可避免。

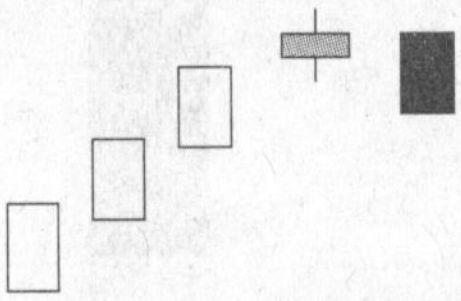

图 3－13

（5）黄昏之星（顶部反转，下跌，见图 3－13）：在股价出现连续阳线上涨后（至少三天），股价在高位出现十字星形状，并在第二天出现较长阴线，则顶部反转的机会较大，表明股价已经达到阶段高位，后市下跌机会较大，建议暂时离场。

图 3－14

（6）高位并排阳线（见图 3－14）：高位并排阳线说明市场处于上升趋势中，形成了加强牛市的长阳线。接下来的一天，市场跳高开盘出现缺口，收盘价仍旧较高。然而在第三天，市场的开盘很低，实际上与第二天的开盘一样低。但引起较低开盘的空方卖压迅速地结束了，市场攀上了较高的位置。这就证明了多方的力量，上升将会继续。

图 3－15

（7）低位并排阳线（见图 3－15）：股价经过一段时间下跌，出现了一根跳空低开的阳线，至收盘时仍留下一个缺口，紧接着又出现一根与之并列的阳线，成交量也随之渐渐放大，这就是低位并排阳线。在下跌行情出现低位并排阳线往往是股价已到谷底或到阶段性底部的信号，投资者见此 K 线图形可考虑适量建仓。

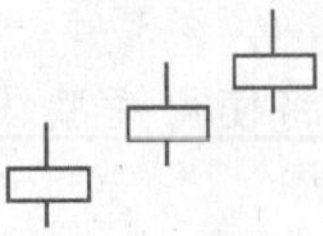

图 3－16

（8）三个红小兵组合（见图 3－16）：三个红小兵组合，在低档区出现这种连续三个小阳线上升的组合时，表示市场已经走出长期的下跌阴影，步上反弹上升路途。

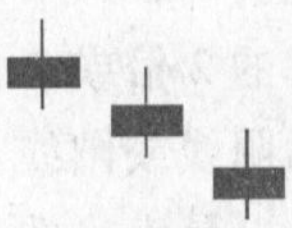

图 3－17

（9）三个黑小卒组合（见图 3－17）：在高档区出现这种连续三个黑小卒下跌的组合时，表示上升市势已经完结，下跌市势已经开始。

（10）白三鹤组合（见图3－18）：这种组合容易被误认为“三个红小兵”组合，当然，它是其失败型。要想有所区分，主要注意它们出现的区域，即高档区或低档区或行情中途。这种组合可理解为是“下跌途中的白三鹤”。

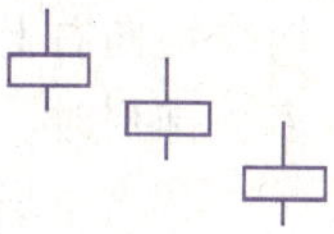
图3－18

（11）黑三鸦组合（见图3－19）：同上理，也容易被误认为“三个黑小卒”组合。但它是“上升途中的黑三鸦”，也要根据具体股价高低来判断其意义。

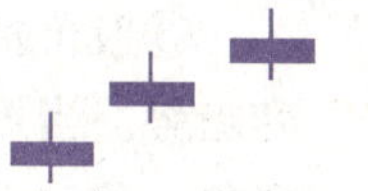
图3－19

（三）技术指标分析

技术指标是指利用原始数据进行分析整理，得出判断股票操作的具体措施的指标，原始数据是指开盘价、收盘价、最高价、最低价、成交量和成交金额，有时还包括成交笔数等。技术指标是市场的产物，来自于市场，又回到市场接受检验；多数技术指标可以提供具体的买卖价位。技术指标的应用法则主要包括以下几个方面：（1）指标的背离；（2）指标的交叉；（3）指标的高位和低位；（4）指标的徘徊；（5）指标的转折；（6）指标的盲点。

1. 平均指标类。

（1）MA指标（Moving Average）移动平均线（图3－20）。移动平均线在这里指股价指数（或股价，下同）移动平均线，即用统计学方法得到的一段时间内股价指数平均值在坐标图上的点的连线。其主要作用是研判股价未来的运行趋势。

根据时间参数的长短，移动平均线可分为短期移动平均线、长期移动平均线、中期移动平均线。移动平均线具有趋势性、滞后性等特性。

移动平均线运用法则有：

买点的判断：

①移动平均线从下降逐渐走平，且有向右上方抬头上行的迹象，而股价从移动平均线的下方向上突破移动平均线时，便是买进时机；

②股价在移动平均线之上运行，回档时没有跌破移动平均线又再度上升时，是买进时机；

③股价跌至移动平均线以下时，而移动平均线短期内仍为继续上升的趋势，仍是买进时机；

④股价在移动平均线以下运行，突然暴跌，距离移动平均线太远，极有可能向移动平均线靠近，亦为买进时机。

卖点的判断：

①股价在移动平均线之上运行，连续数日大涨离移动平均线愈来愈远，表示近期内购买股票者皆获利颇丰，随时会产生获利回吐的卖压，应暂时卖出股票；

②移动平均线从上升逐渐走平，而股价从上向下跌破移动平均线时，卖压渐重，是卖出时机；

③股价在移动平均线下方运行，回升时未突破移动平均线，且移动平均线从跌势减缓趋于水平又转而下跌的趋势时，是卖出时机；

④股价在移动平均线上徘徊，而移动平均线却继续下跌，宜卖出股票。

三种移动平均线的综合运用：

①当长期上升趋势形成，并进入稳定上升时期时，股价指数的短期、中期和长期移动平

均线均向右上方运动，并从上向下依次排列。均线的这种排列顺序称为多头排列。当均线呈多头排列时，显示多头市场仍会持续一段时间；

②当市场的长期下降趋势形成后，股价指数的短期、中期和长期移动平均线向右下方移动并从下向上依次排列，均线的这种排列顺序称为空头排列。均线的空头排列显示空头市场仍将持续；

③股价指数从下降转为上升趋势后，股价指数的短期均线、中期均线和长期均线也呈上升趋势。当短期均线自下而上穿过中期均线或中期均线向上穿过长期均线时，均线出现交叉现象，移动平均线的这种运动现象称为黄金交叉。金叉提示投资者买入或继续持有股票；

④股价指数从上升趋势转为下降趋势后，股价指数的短期均线、中期均线和长期均线也呈下降趋势。当短期均线自上而下穿过中期均线或中期均线向下穿过长期均线时，均线出现交叉现象，移动平均线的这种运动现象称为死亡交叉。死叉的出现显示市场价格将呈持续下跌，提示投资者卖出股票。

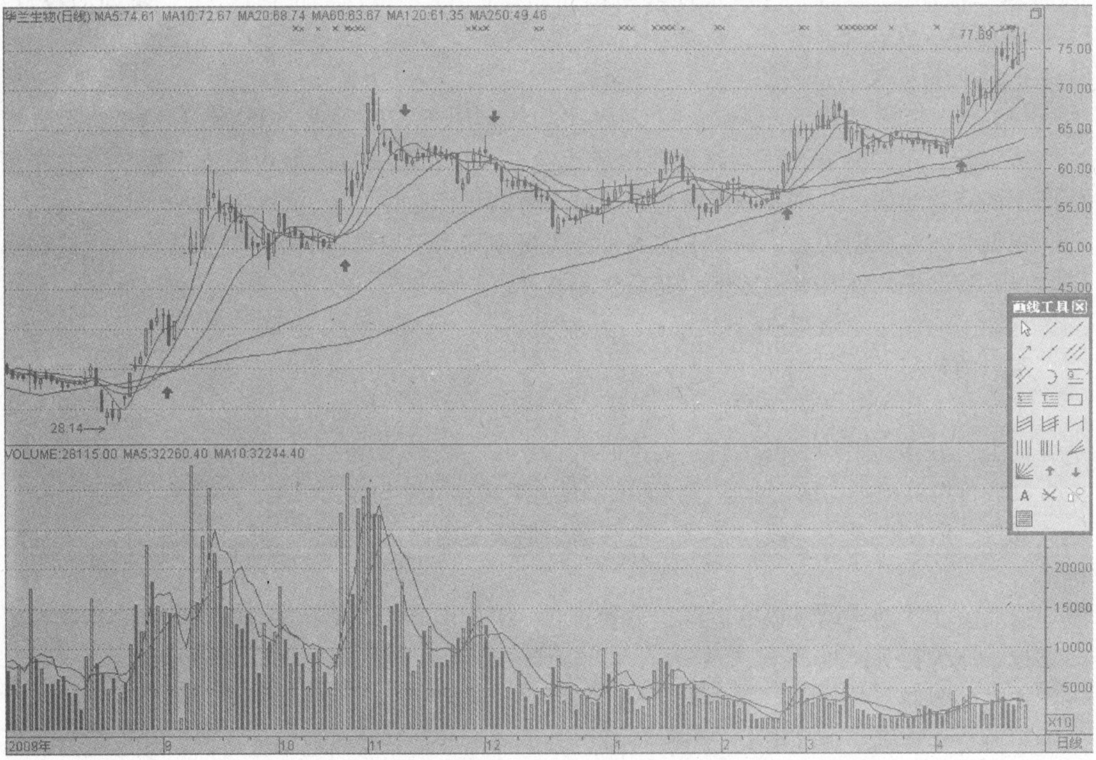

图 3-20 平均线指标判断法则

（向上箭头所标示的地方是买点，向下箭头表示卖点）

（2）MACD 指标（Moving Average Convergence Divergence）指数平滑异同移动平均线（图 3-21）。

MACD 指数平滑异同移动平均线为 GERALD APPLE 所创，其利用两条长、短期的平滑平均线，计算其二者之差离值，作为研判行情买卖之依据。

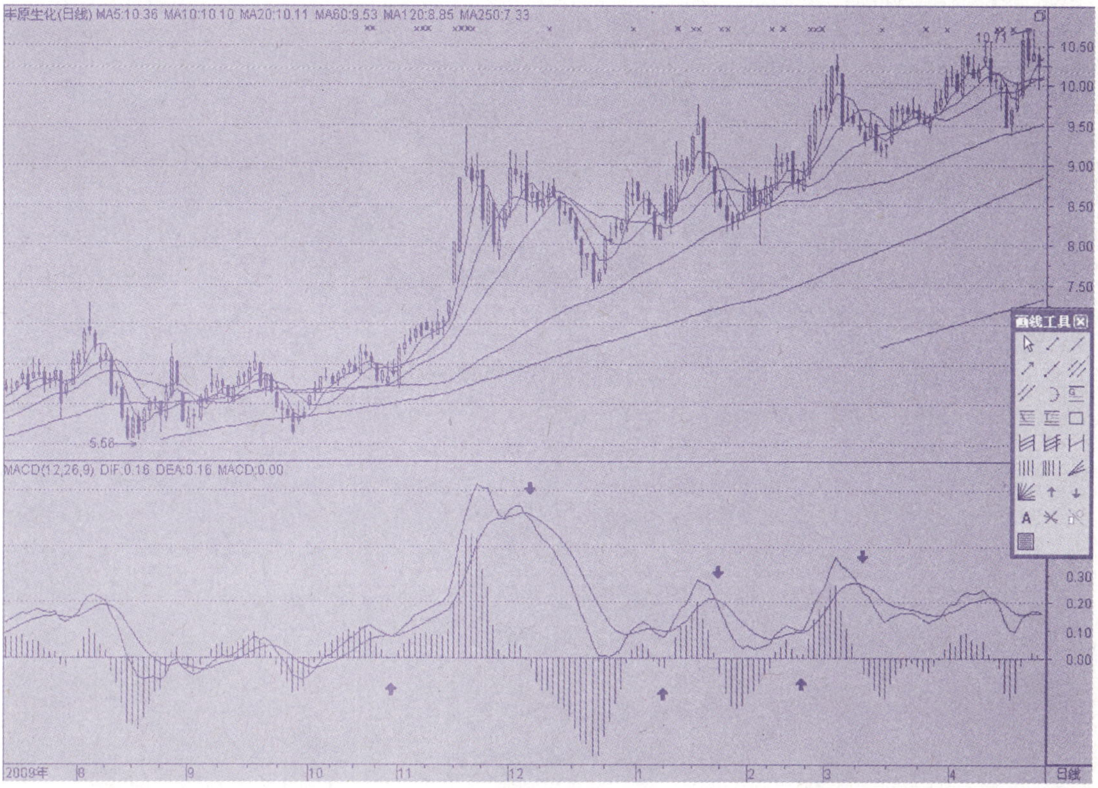

图3-21 MACD法则（红色向上箭头所标示的地方都是买点，绿色向下的地方都是卖点）

买卖原则：

①DIF、MACD在0以上，大势属多头市场，DIF向上突破MACD，可买入，若DIF向下跌破MACD，只可作原单的平仓，不可新买单进场；

②DIF、MACD在0以下，大势属空头市场，DIF向下跌破MACD，可卖出，若DIF向上突破MACD，只可作原单的平仓，不可新买单入场；

③牛离差：股价出现二或三个近期低点而MACD并不配合出现新低，可买入；

④熊离差：股价出现二或三个近期高点而MACD并不配合出现新高，可卖出；

⑤高档两次向下交叉大跌，低档两次向上交叉大涨。

2. KDJ随机指标（图3-22）。KDJ全名为随机指标（Stochastics），由George Lane所创，其综合动量观念，强弱指标及移动平均线的优点，早年应用在期货投资方面，功能颇为显著，目前为股市中最常用的指标之一。

买卖原则：

（1）K值由右边向下交叉D值作卖出，K值由右边向上交叉D值作买入；

（2）高档连续两次向下交叉确认跌势，低档两次向上交叉确认涨势；

（3）D值<20%超卖，D值>80%超买；J>100%超买，J<10%超卖；

（4）KD值于50%左右徘徊或交叉时，无意义；

（5）投机性太强的个股不适用；

（6）可观察KD值与股价之背离，以确认高低点。

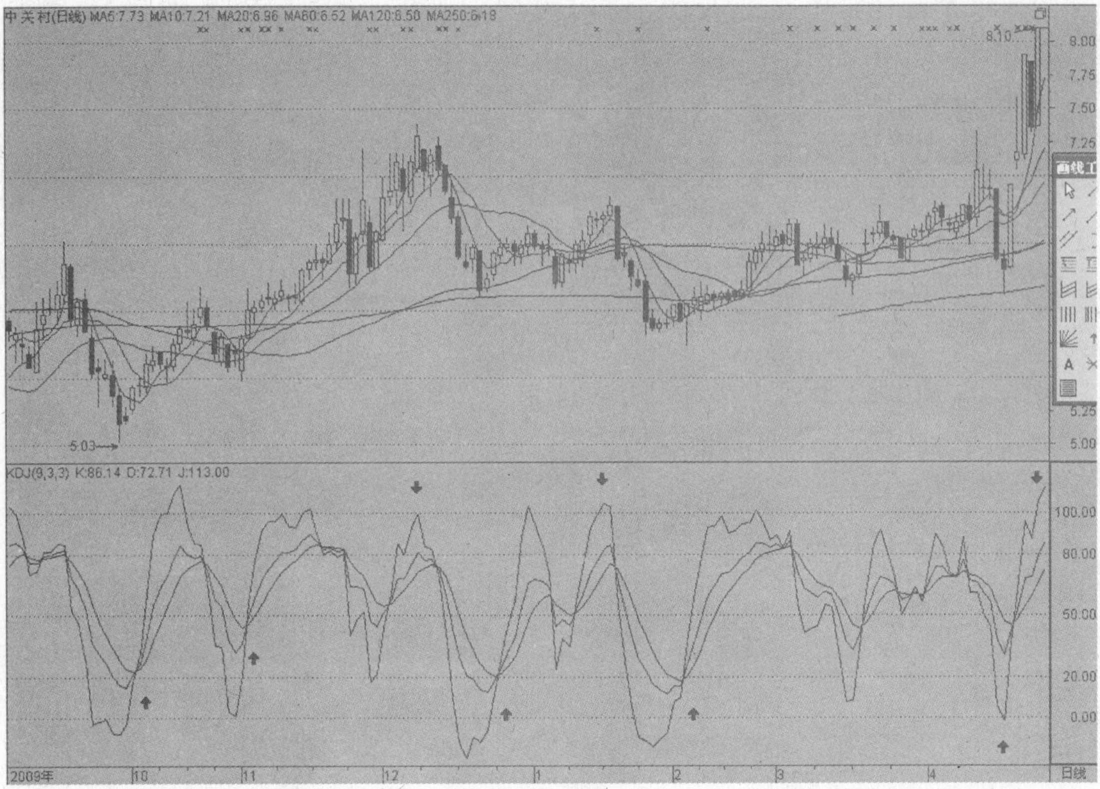

图 3-22　随机指标法则（向上箭头所标示的地方都是买点，向下的地方都是卖点）

3. 心理线（PSY）。心理线是从英文名字 Psychological line 直译而来，是研究某段期间内投资人趋向于买方或卖方的心理与事实。做为买卖投票的参考，国内一般投资人画心理线，均以 10 天为样本。

例如 10 天中如果有 5 天上涨，5 天下跌，心理线就是 5/10 = 50%，再将此标示在百分比的图纸上，每天延续下去时，将每天的百分比连接起来，即成为心理线。心理线最好与 K 线相互对照，如此更能从股价变动中了解超买或超卖情形。由心理线来看，当一段上升行情展开前，通常超卖现象的最低点会出现两次，因此，投资人观察心理线，若发现某一天的超卖现象严重，短期内低于此点的机会极小，当心理线向上变动而再度回落此点时，就是买进的机会。反之亦然。所以，无论上升行情或下跌行情展开前，都会出现两次以上的买点与卖点，使投资人有充分的时间研判未来股价变动方向，再做进出之决策。

运用法则：

（1）一段上升行情展开前，通常超卖之低点会出现两次。同样，一段下跌行情展开前，超买的最高点也会出现两次；

（2）25% ~75% 是常态分布；

（3）超过 75% 或低于 25% 是非常态分布，超过 75% 表明股价处于超买状态，低于 25% 表明股价处于超卖状态。

4. 乖离率（BIAS）。简称 Y 值。葛南碧移动平均线八法则中第四与第五项中提示股价距离移动平均线太远，不管是股价在移动平均线之上或之下，都有可能趋向移动平均线。但并没有表示股价距离平均线多远，才是买卖时机，乖离率即是此种原则的技术指标。乖离率可分为正乖离率与负乖离率。若股价在移动平均线之上，则乖离率为正，反之则为负；当股价与平均线相同，则乖离率为零。随着股市的强弱，乖离率周而复始穿梭在零的上方或下方。从长期图形变动可看出正乖离率大致在某百分比以上便是卖出时机，负乖离率大致在某百分比之下便是买进时机。多头市场的狂涨与空头市场的狂跌会使乖离率达到意想不到的百分比，但是出现次数极少，时间亦短。

应用法则：

乖离率究竟达到何种程度才是买进时机？各人见仁见智，并没有统一的原则，而且股价与各种短期移动平均线的乖离率都有不同的乖离程度，使用者只能凭经验判断一段行情的强势或弱势做为买卖股票的依据，下列法则仅提供参考：

（1）股价或指数与5日平均值为-3%是买进时机，+3.5%是卖出时机；

（2）股价或指数与10日平均值为-4.5%是买进时机，+5%是卖出时机；

（3）股价或指数与20日平均值为-7%是买进时机，+8%是卖出时机；

（4）股价或指数与60日平均值为-11%是买进时机，+11%是卖出时机。

5. RSI相对强弱指标。RSI为1978年美国作者Welles Wilder JR所提出的交易方法之一。RSI，英文全名为Relative Strenth Index，中文名称为相当强弱指标。RSI的基本原理是在一个正常的股市中，多空买卖双方的力道必须取得均衡，股价才能稳定；而RSI是指固定时间内股价上涨总幅度平均值占总幅度平均值的比例。

买卖原则：

（1）RSI值于0~100之间呈常态分配；

（2）当6日RSI值在80%以上时，股市呈超买现象，若出现M头，为卖出时机；

（3）当6日RSI值在20%以下时，股市呈超卖现象，若出现W底，为买进时机；

（4）RSI一般选用6天；12天、24天作为参考基期，基期越长越有趋势性，即慢速RSI，基期越短越有敏感性，即快速RSI；

（5）当快速RSI由下往上突破慢速RSI时，为买进时机；当快速RSI由上往下跌破慢速RSI时，为卖出时机。

（四）其他技术分析理论

1. 形态理论。形态分析是通过对市场横向运动时形成的各种价格形态进行分析，并且配合成交量的变化，推断出市场现存的趋势将会延续或反转。价格形态可分为反转形态和持续形态，反转形态表示市场经过一段时期的酝酿后，决定改变原有趋势，而采取相反的发展方向，持续形态则表示市场将顺着原有趋势的方向发展。

股价曲线的形态分成两个大的类型：持续整理形态；反转突破形态。

（1）持续整理形态。是指股票价格维持原有的运动轨迹。市场事先确有趋势存在，是持续整理形态成立的前提。

持续整理形态包括：①三角形态；②矩形形态；③旗形；④楔形。

（2）反转突破形态。是指股票价格改变原有的运行趋势所形成的运动轨迹。

反转突破形态包括：①双重顶和双重底；②头肩顶和头肩底；③三重顶（底）形态；④圆弧形态；⑤喇叭形；⑥菱形；⑦V形反转。

反转形态所共有的基本要领：

①在市场上事先确有趋势存在，是所有反转突破形态存在的前提；

②现行趋势即将反转的第一个信号，经常是重要的趋势线被突破；

③形态的规模越大，则随之而来的市场动作也越大；

④顶部形态所经历的时间通常短于底部形态，但其波动性较强；

⑤底部形态的价格范围通常较小，但其酝酿时间较长；

⑥交易量在验证向上突破信号的可靠性方面，更具参考价值。

(3) 应用形态理论应该注意的问题：

①站在不同的角度，对同一形态可能产生不同的解释；

②进行实际操作时，形态理论要求形态完全明朗后才行动，得到的利益不充分，从某种意义上讲，有损失机会之嫌。

2. 波浪理论。波浪理论（Band theory）又称艾略特波段理论，是由美国证券分析家拉尔夫·纳尔逊·艾略特（R. N. Elliott）利用道琼斯工业指数平均（Dow Jones Industrial Average，DJIA）作为研究工具，发现不断变化的股价结构性形态与潮水的涨退非常相似，呈现自然和谐形态。

波浪理论可以分为三部分。其一为波浪的形态；其二为浪与浪之间的比例；其三为时间，三者的重要性，以排列先后为序。

波浪的形态，是波浪理论的理论基础。因此，数浪正确与否，至为重要。数浪的基本规则只有两条：

第一：第三个浪（推动浪）永远不是第一至第五浪中最短的一个浪。通常来说，第三个浪是最具爆炸性的，经常成为最长的一个浪。

第二：第四个浪的浪底，不可以低于第一个浪的浪顶。在分析波浪形态时，有时会遇到较为难以分辨的情况，可能发现几个同时可以成立的波浪方式，在这种情况下，了解各个波浪的特性，有助于做出正确的判断。

3. 切线理论。切线理论是指根据股价变动的趋势而做出一些辅助线条，由此判断未来股票走势的理论。常用切线有以下几种：

(1) 支撑线和压力线。

• 支撑线（surport line）又称为抵抗线。当股价跌到某个价位附近时，股价停止下跌，甚至有可能还有回升。这个起着阻止股价继续下跌或暂时阻止股价继续下跌的价格就是支撑线所在的位置（见图 3-23）。

• 压力线（resistance line）又称为阻力线。当股价上涨到某价位附近时，股价会停止上涨，甚至回落。这个起着阻止或暂时阻止股价继续上升的价位就是压力线所在的位置。

支撑线与压力线能够相互转化。一条支撑线如果被跌破，那么这个支撑线将成为压力线；同理，一条压力线被突破，这个压力线将成为支撑线。这说明支撑线和压力线的地位不是一成不变的，而是可以改变的，条件是它被有效的足够强大的股价变动突破。

(2) 趋势线和轨道线。趋势线是衡量价格波动方向的，由趋势线的方向可以明确地看出股价的趋势。在上升趋势中，将两个低点连成一条直线，就得到上升趋势线。在下降趋势中，将两个高点连成一条直线，就得到下降趋势线。要得到一条真正起作用的趋势线，要经多方面的验证才能最终确认。首先，必须确实有趋势存在。其次，画出直线后，还应得到第三个点的验证才能确认这条趋势线是有效的。

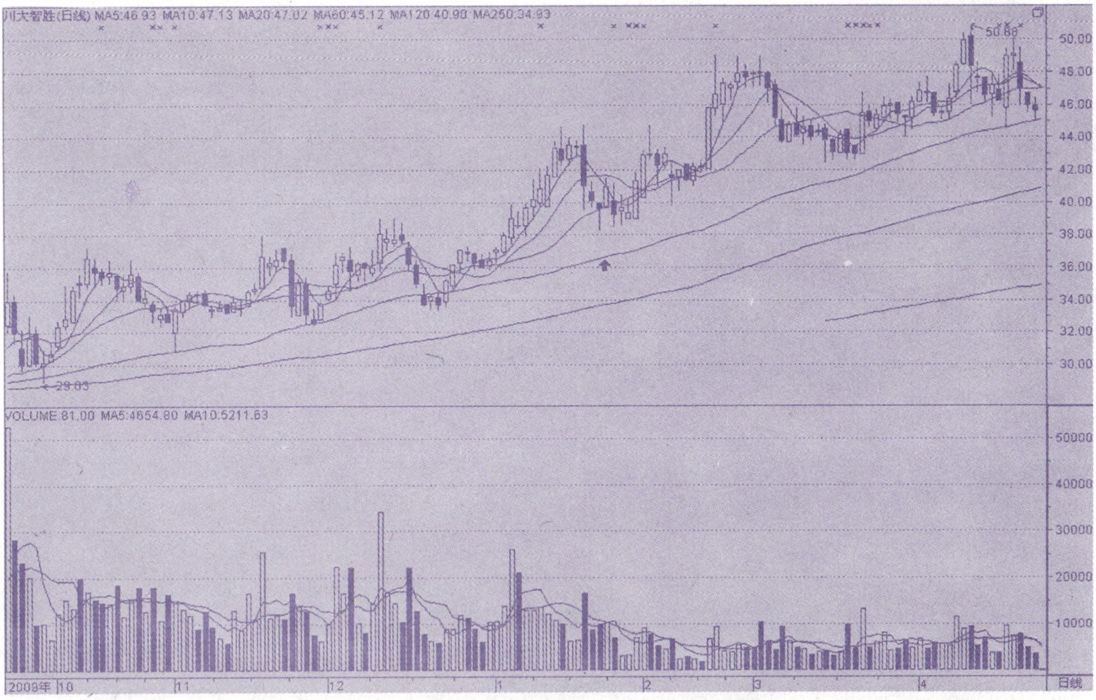

图 3－23　支撑线（箭头所指为60日线即季度线，对该股股价有较强的支撑作用）

轨道线又称通道线或管道线，是基于趋势线的一种分析方法。在已经得到了趋势线后，通过第一个峰和谷可以作出这条趋势线的平行线，这条平行线就是轨道线。两条平行线组成一个轨道，这就是常说的上升和下降轨道。轨道的作用是限制股价的变动范围。对上面的或下面的直线的突破将意味着有一个大的变化。与突破趋势线不同，对轨道线的突破并不是趋势反向的开始，而是趋势加速的开始。轨道线的另一个作用是提出趋势转向的警报（图3－24）。

（3）黄金分割线和百分比线。画黄金分割线的第一步是记住若干个特殊的数字，这些数字中0.382、0.618、1.382和1.618最为重要，股价极为容易在由这四个数产生的黄金分割线处产生支撑和压力。第二步是找到一个点，某个趋势的转折点就可以作为进行黄金分割的点，这个点一经选定，我们就可以画出黄金分割线了。

百分比线的出发点是人们的心理因素和一些整数位的分界点。其中，1/2、1/3、2/3这三条线最为重要。

四、权证

权证，是指基础证券发行人或其以外的第三人发行的，约定持有人在规定期间内或特定到期日，有权按约定价格向发行人购买或出售标的证券，或以现金结算方式收取结算差价的有价证券。权证实质反映的是发行人与持有人之间的一种契约关系，持有人向权证发行人支付一定数量的价金之后，就从发行人那里获取了一个权利。这种权利使得持有人可以在未来某一特定日期或特定期间内，以约定的价格向权证发行人购买/出售一定数量的资产。持有人获取的是一个权利而不是责任，其有权决定是否履行契约，而发行者仅有被执行的义务，

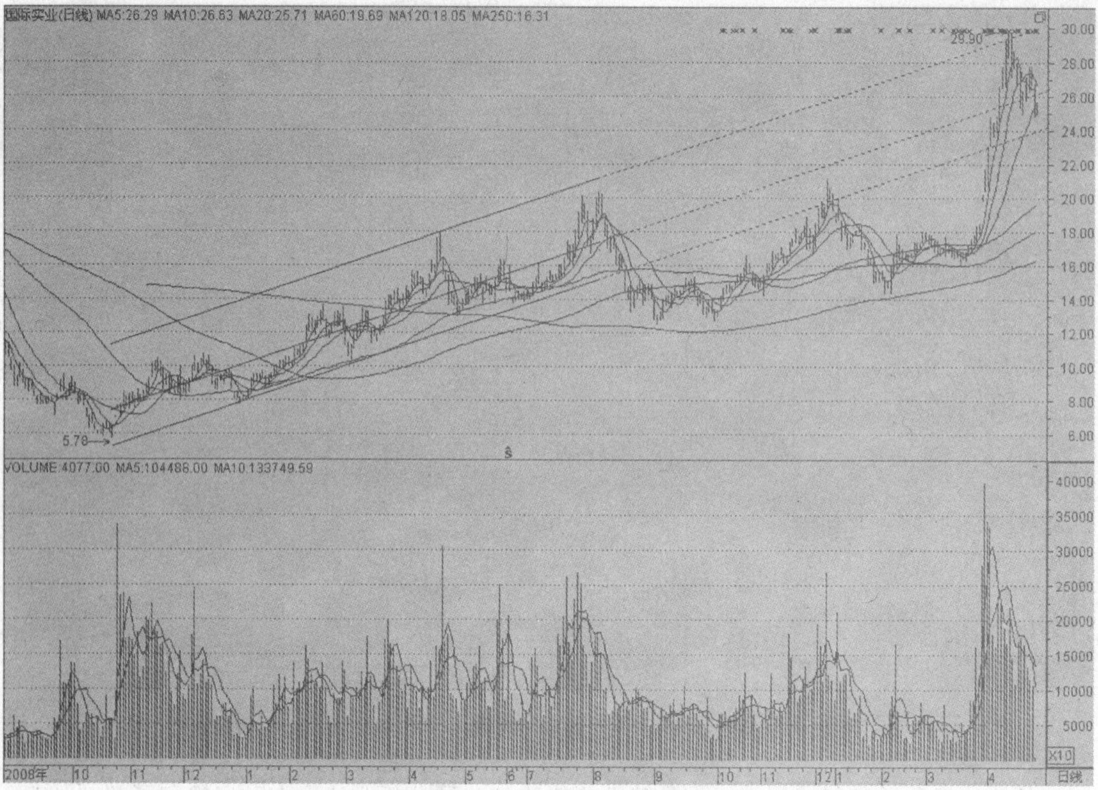

图 3－24　轨道线（上图三条平行线构成一个上升通道，可以看出在 29 元价位达到极点，应该果断卖出）

此为获得这项权利，投资者需付出一定的代价（权利金）。

按买卖方向划分，权证可以分为认购权证和认沽权证。认购权证持有人有权按约定价格在特定期限内或到期日向发行人买入标的证券，认沽权证持有人则有权卖出标的证券。由于标的证券可以是个股、基金、债券、一篮子股票或其他证券，所以权证可以是买卖单个股票、基金、债券或一篮子股票的权利。但在我国现实中，多数是以单个股票为标的证券，因此本书只讨论股票权证。

权证具有高杠杆性、时效性等特点。所谓高杠杆性，是指权证交易时，只需支付少量权利金，就可以操作价值数倍的股票，两者之间的比值大小取决于杠杆比率（溢价比）；所谓时效性，是指投资者买卖权证不像股票可以长期持有，权证具有存续期间，到期后权证即丧失效力。

权证价值由两部分组成，一是内在价值，即标的股票与行权价格的差价；二是时间价值，代表持有者对未来股价波动带来的期望与机会。在其他条件相同的情况下，权证的存续期越长，权证的价格越高。

权证的购买、交易和行权申报可以通过 A 股股票账户进行，只要开立 A 股账户并申请开通权证交易权限即可。

权证交易实行价格涨跌幅限制（权证涨跌幅是以涨跌幅的价格而不是百分比来限制的，这是因为权证的价格主要是由其标的股票的价格决定的，而权证的价格往往只占标的股票价格的一个较小的比例，标的股票价格的变化可能会造成权证价格的大比例的变化，从而使事先规定的任何涨跌幅的比例限制不太适合）：

权证涨幅价格＝权证前一日收盘价格＋（标的证券当日涨幅价格－标的证券前一日收盘价）×125%×行权比例；

权证跌幅价格＝权证前一日收盘价格－（标的证券前一日收盘价－标的证券当日跌幅价格）×125%×行权比例。

当计算结果小于等于零时，权证跌幅价格为零。

知识问答

权证涨跌幅计算

例如，以某 A 公司股票为标的的权证 3 元，行权比例为 1:0.5，A 公司股票价格为 18 元，次日该股票最多可以涨跌 10%，即 1.8 元；而权证次日最高可以上涨或下跌的幅度为（19.8－18）或（18－16.2）×125%×0.5＝1.125 元，换算成涨跌幅比例高达 37.5%。

如果当天该标的证券实际涨幅为 4%，则权证的实际最高涨幅为多少？（答案：15%）

（一）认购权证

认购权证在现实中类似于买股优惠券，投资人可以凭此向发行人购买股票。例如，长虹 CWB1 认购权证（见表 3－2）。

表 3－2

权证简称	长虹 CWB1	权证代码	580027
标的证券	四川长虹（600839）	权证类别	认购权证
上市地点	上海证券交易所	发行数量	57 300 万份
上市日期	2009－08－19	开盘参考价	1.444
最后交易日		发行方式	派发
初始行权价	5.23	最新行权价	5.23
初始行权比例	1:1	最新行权比例	1
存续起始日	2009－08－19	存续终止日	2011－08－18
行权起始日	2011－08－12	行权终止日	2011－08－18

根据上述资料，如果投资者开盘当天（2009 年 8 月 19 日）在二级市场购买该权证并持有到期，则 2011 年 8 月 11 日的行权（即购买四川长虹股票）成本为每股 2.082（权证买入价，当日开盘后保持不变价格）加上 5.23（行权价）等于 7.312 元，而四川长虹 2009 年 8 月 19 日股价最高才 5.18 元，因此如果 2011 年长虹股票价格没有上涨至 5.23 元，则该权证一文不值，投资者将放弃行权；如果超过 5.23 元而没有涨至 7.312 元，投资者行权可以挽回一点损失，但仍然是亏损的；只有当股票价格涨至 7.312 元以上，投资才能获利。

当然，由于该权证本身已经上市，所以投资者不一定要持有到期，可以像买卖股票一样在到期前在二级市场上卖出，赚取差价。

（二）认沽权证

认沽权证即认售权证，就是看跌期权。与认购权证投资者相反，当股价低于行权价格时，认沽权证的投资者将从股价下跌中获益，而当股价高于或等于行权价格时，投资者将放弃行权，损失认沽权证费用。例如，万科 HRP1 认沽权证（见表 3-3）。

表 3-3

权证简称	万科 HRP1	权证代码	038002
标的证券	万科 A（000002）	权证类别	认沽权证
上市地点	深圳证券交易所	发行数量	214 028.6 万份
上市日期	2005-12-05	开盘参考价	0.389
最后交易日	2006-08-28	发行方式	派送
初始行权价	3.73	最新行权价	3.638
初始行权比例	1:1	最新行权比例	1
存续起始日	2005-12-05	存续终止日	2006-09-04
行权起始日	2006-08-29	行权终止日	2006-09-04
行权简称	万科 HRP1	行权代码	038002

根据上述资料，该权证的行权价为 3.638 元（以 3.638 元卖出万科 A 股票），而万科 A 股票价格在行权期间（2006 年 8 月 29 日—2006 年 9 月 4 日）最低价格为 6.64 元，最高则达到了 7.07 元，因此到期的权证一文不值。因此我们从二级市场交易记录看到，该权证价格在即将到期前一路下滑，直至一文不值，如图 3-25 所示。

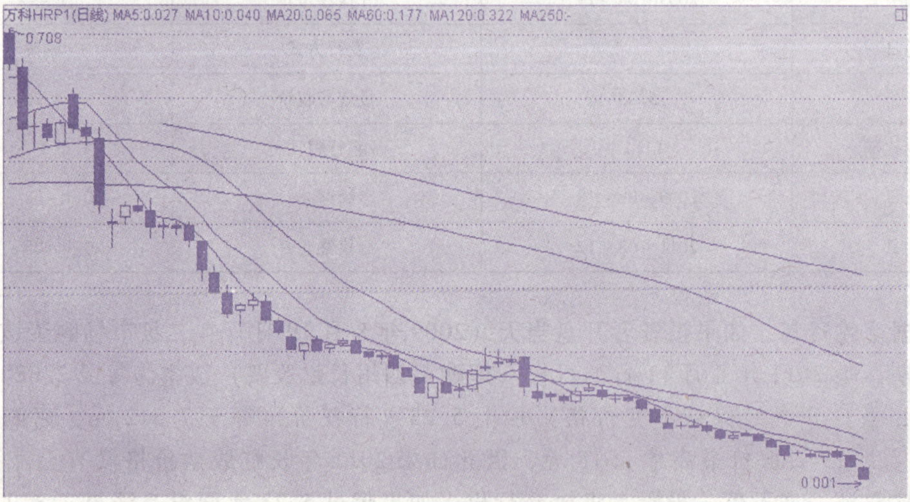

图 3-25 万科认沽权证走势图

第三节 证券投资基金

财富故事

李阿姨的跌宕基民经历

一天，市民李阿姨去银行，准备将自己工资卡上半年的工资转为定期存款。一到银行，李阿姨傻眼了，银行里的人实在太多了，一打听才知道许多市民是来开户买基金的。等了两个多钟头终于轮到李阿姨，阿姨向银行柜员说明了自己的意向，柜员却劝李阿姨道："还存定期？现在买基金收益高多了，半年的时间甚至可以翻倍，还是专家理财，风险小。你看，那边的人都是等着开立基金账户的。"李阿姨将信将疑，也开立了基金账户，工资卡上的钱也分文未动。回到单位一打听，原来单位里也已经有很多人买基金了，并且告诉她本金都已经翻倍了，并且风险还很小。于是，李阿姨将积蓄2万多元一次性买了某股票型基金。接下来，李阿姨的生活中又多了一件事，就是关注自己基金的涨跌。果不其然，在接下来的股市中，基金净值增长火爆异常，不到一年的时间，李阿姨购买的基金价值5万余元，实现了250%以上的收益率，这让李阿姨兴奋不已。于是，李阿姨将其所有积蓄的一半5万多元再次加仓该股票基金。刚过一个多月，李阿姨的全部基金价值再次膨胀，达到近12万元。可是好景不长，美国次贷危机引发的金融海啸在全球蔓延，并很快传导到国内，随着中国平安天量融资这根导火线的引爆，中国股市由6 000多点的高位一路下滑，在不到半年的时间里就跌去大半。股票市场的快速下跌，李阿姨的基金价值也急速下滑。由于不了解宏观经济形势，也不了解基金投资的风险，因此李阿姨没有及时赎回，等到下跌到一定程度时，又不懂得及时止损，最后不但之前的收益损失殆尽，连本金都亏进去1.5万元，真是后悔不已！

李阿姨的经历可能我们很多国内基金投资者都经历过。它告诉我们，投资基金不但有风险，而且风险还很大。因此基金投资需要有专业知识，要掌握一定的技巧。

证券投资基金是指一种利益共享、风险共担的集合证券投资方式，即通过发行基金单位，集中投资者的资金，由基金托管人（商业银行）托管，由基金管理人（基金公司）管理和运用资金，从事股票、债券等金融工具的投资。

证券投资基金作为一种投资工具，主要具有以下三个特征：

1. 集合投资。基金可以最广泛地吸收社会闲散资金，汇成规模巨大的投资资金。在参与证券投资时，资本越雄厚，优势越明显，而且可能享有大额投资在降低成本上的相对优势，从而获得规模效益的好处。

2. 分散风险。基金可以凭借其雄厚的资金，在法律规定的投资范围内进行科学的组合，分散投资于多种证券，借助于资金庞大和投资者众多的共有资金使每个投资者面临的投资风险变小，另一方面又利用不同的投资对象之间的互补性，达到分散投资风险的目的。

3. 专业理财。基金实行专家管理制度，这些专业管理人员都经过专门训练，具有丰富的证券投资和其他项目投资经验。

一、证券投资基金的分类

证券投资基金的种类繁多，可按不同的方式进行分类。根据基金受益单位能否随时认购或赎回及转让方式的不同，可分为开放型基金和封闭型基金；根据投资基金的组织形式的不同，可分为公司型基金与契约型基金；按投资目标的不同可分为：成长型基金、收入型基金、平衡型基金；按照交易方式的不同可分为：普通（场外交易）开放式基金、上市型开放式基金（LOF，Listed Open－Ended Fund）、证券交易所交易基金（ETF，Exchange Traded Fund）；根据投资基金投资对象的不同，可分为货币基金、债券基金、股票基金以及合格境内机构投资者（投资境外的资本市场）等等。

知识链接

- 公司型基金——指基金本身为一新股份有限公司，基金以发行股份的形式筹集资金，投资于特定对象（如有价证券、货币）。
- 契约型基金——又称“单位信托基金”，是根据信托契约原理，由基金发起人代表基金投资者与基金管理人、托管人签订契约而组建的投资基金，三方当事人的权利和义务由契约合同规定。
- 开放式基金——是指基金份额固定不变，基金份额可以在基金合同规定的时间和场所进行申购、转换、赎回的一种基金运作方式。
- 封闭式基金——是指基金份额在基金合同期限内固定不变，基金份额可以在依法设立的证券交易所交易，但不得申请赎回的一种基金运作方式。

（一）货币基金

货币基金是指主要投资于短期货币工具，如国库券、银行大额可转让定期存单、商业票据等的投资基金，其流动性好、安全性高、风险低、投资成本低。与其他投资基金相比，有如下特点：

1. 货币市场基金单位的资产净值是固定不变的，通常是每个基金单位 1 元。投资货币基金后，投资者可利用收益再投资，投资收益就不断累积，增加投资者所拥有的基金份额。比如某投资者以 100 元投资于某货币市场基金，可拥有 100 个基金单位，1 年后，若投资报酬是 8%，那么该投资者就多了 8 个基金单位，总共 108 个基金单位，价值 108 元。

2. 衡量货币市场基金表现好坏的标准是收益率，这与其他基金以净资产价值增值获利不同。

3. 流动性好、资本安全性高。这些特点主要源于货币市场是一个低风险、流动性高的市场。同时，投资者可以不受到期日限制，随时可根据需要转让基金单位。

4. 风险性低。货币市场工具的到期日通常很短，货币市场基金投资组合的平均期限一般为4~6个月，因此风险较低，其价格通常只受市场利率的影响。

5. 投资成本低。货币市场基金通常不收取赎回费用，并且其管理费用也较低，年管理费用大约为基金资产净值的0.25%~1%，比传统的基金年管理费率1%~2.5%低。

6. 货币市场基金均为开放式基金。货币市场基金通常被视为无风险或低风险投资工具，适合资本短期投资生息以备不时之需，特别是在利率高、通货膨胀率高、证券流动性下降、可信度降低时，可使本金免遭损失。

虽然货币基金单位净值保持1元不变，但其收益率却每天都在发生变化，下面以华夏现金增利货币（003003）为例说明，其2009年7月28日至2009年12月22日收益变化情况，见图3-26。

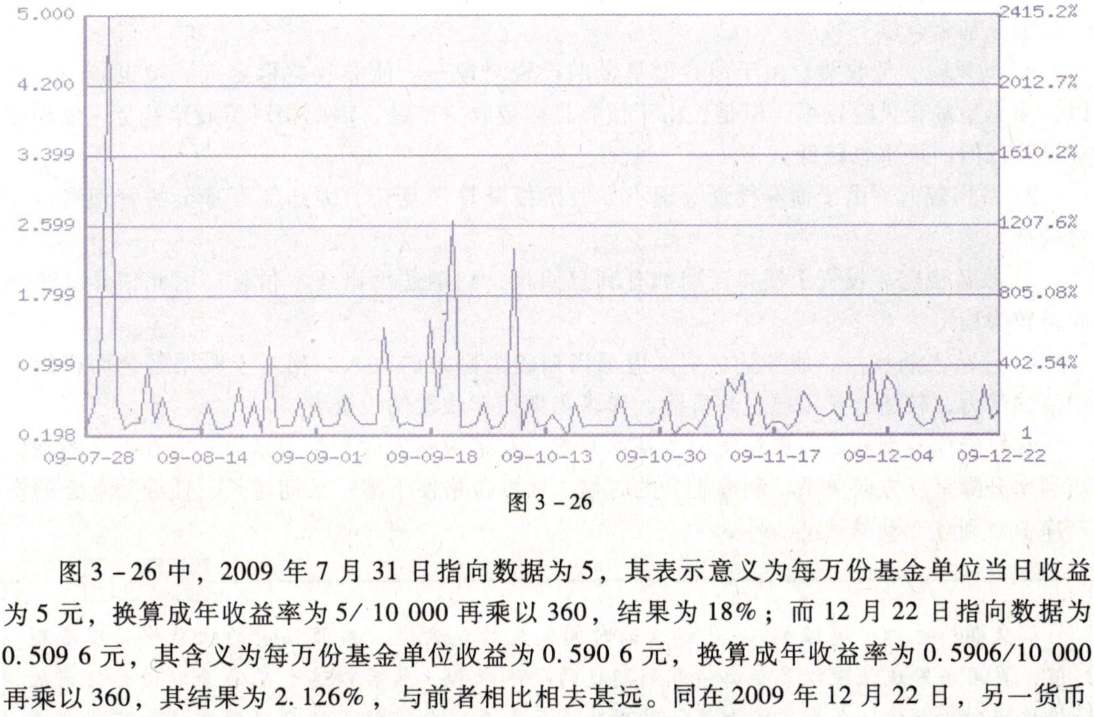

图3-26

图3-26中，2009年7月31日指向数据为5，其表示意义为每万份基金单位当日收益为5元，换算成年收益率为5/10 000再乘以360，结果为18%；而12月22日指向数据为0.509 6元，其含义为每万份基金单位收益为0.590 6元，换算成年收益率为0.5906/10 000再乘以360，其结果为2.126%，与前者相比相去甚远。同在2009年12月22日，另一货币基金——融通易支付货币基金每万份基金单位收益为1.2535元，折算成年收益率为4.513%。因此，不同的货币基金其收益率不同，且可能相差较大，如表3-4所示。

表3-4

基金简称	每万份基金单位收益（元）	最近七日收益折算的年收益率（%）
宝盈货币A	0.1558	0.5140
友邦货币A	0.1458	0.5370
华富货币	0.3614	3.2090
东方金账簿货币	0.3038	3.7890
长盛货币	0.2640	3.8150

注：以上资料来源于搜狐网站财经频道。

既然投资基金也有风险，那我们如何选择货币基金呢？

首先，对货币收益的期望不要太高。例如即使表3-4中最高收益率的长盛货币也只是3.815%，扣除0.7%左右的手续费，实际收益为3.115%，比当时一年期定期存款利率2.25%并没有高多少，何况还有许多收益率并没有达到3%。

其次，看清货币市场基金的绩效与风险。选基金就是选基金管理人，不同的投资风格和策略会使基金的业绩形成很大的差距。经过一段时间的运作，各家货币市场基金有何特点，谁的管理和信息披露规范、谁的投资回报率高等问题都会有初步答案，经过仔细比较后再做决定会更加稳妥。

（二）债券型基金

债券基金是以国债、金融债、企业债和可转换公司债为主要投资对象的投资基金。随着市场的发展，债券基金还配置了申购新股的功能，使收益增长潜力更大。因此，债券型基金又可分为纯债券型基金与偏债券型基金。两者的区别在于，纯债券型基金不投资股票，而偏债券型基金可以投资少量的股票。

债券基金有以下特点：

1. 低风险，低收益。由于债券型基金的投资对象——债券收益稳定、风险也较小，所以，债券型基金风险较小。但是，由于债券是固定收益产品，因此相对于股票基金，债券基金风险低但回报率也较低。

2. 费用较低。由于债券投资管理不如股票投资管理复杂，因此债券基金的管理费也相对较低。

3. 收益稳定。投资于债券定期都有利息回报，到期还承诺还本付息，因此债券基金的收益较为稳定。

4. 注重当期收益。债券基金主要追求当期较为固定的收入，相对于股票基金而言缺乏增值的潜力，较适合于不愿过多冒险，谋求当期稳定收益的投资者。

在投资债券型基金时要注意两个基本要素：利率敏感程度和信用素质。债券价格的涨跌与利率升降呈反方向关系，利率上升的时候，债券价格便下滑；久期越长，债券型基金的资产净值对利息变动越敏感。

名词解释

久期：也称“持续期”，是以未来时间发生的现金流，按照目前的收益率折现成现值，再用每笔现值乘以其距离债券到期日的年限求和，然后以这个总和除以债券目前的价格得到的数值。久期实际上是一种测算债券发生现金流的平均期限的方法，可以用于测度债券对利率变化的敏感性。

债券型基金的信用素质取决于其所投资债券的信用等级，投资者至少可以通过以下几个方面了解：基金招募说明书中，对所投资债券信用等级的限制，以及基金投资组合中对持有债券信用等级的描述；同时，投资者还需要了解其所投资的可转债券以及股票的比例。基金持有较多的可转债券可以提高收益能力，但却放大了风险，因为可转债券的价格受正股价格连动影响，波动大于普通债券。

（三）股票型基金

股票型基金是指以公司股票为主要投资对象的基金。在我国，一般要求股票型基金投资比例至少60%以上必须投资于股票。相对于其他证券投资基金而言，股票型基金具有高风险与高收益并存的显著特点；而相对于股票而言，股票型基金具有专家理财、分散风险的优势。因此，对于具有一定风险承受能力、收益期望较高、没有时间关注股票市场的投资者来说是一种不错的选择。现实市场中，我国投资基金大部分是股票型或偏股型基金。部分回报靠前的股票基金（2009 年 12 月 28 日）如表 3－5 所示。

表 3－5

序号	基金代码	基金名称	累计净值	近 1 周（%）	近 1 个月（%）	近 3 个月（%）	近半年（%）	近 1 年（%）	当年（%）	上市至今（%）
1	000011	华夏大盘	10.046	－1.6346	2.46	23.01	31.4	106	109.47	1033.01
2	002011	华夏红利	4.175	－1.8851	2.42	15.72	12.75	73.34	73.97	529.53
3	110002	易基策略	4.981	－2.853	3.24	17.55	12.91	58.53	57.88	503.31
4	288002	中信红利	3.966	－1.403	1.46	14.1	13.69	72.66	71.97	478.82
5	375010	上投优势	5.3531	－1.8953	4.33	12.26	17.6	73.42	74.84	467.58
6	070002	嘉实增长	4.776	－2.3377	1.9	15.24	13.69	56.5	55.99	463.73
7	377010	上投 α	5.3743	－2.5214	2.95	13.51	14.75	54.34	54.23	449.97
8	002001	华夏回报	3.375	－1.4674	2.25	12	7.49	32.85	33.24	444.75
9	260104	景顺增长	4.729	－4.8976	5.55	19.77	18.85	86.07	87.06	438.92
10	162202	荷银周期	3.0341	－2.4795	3.43	16.12	18.25	69.15	68.53	430.15

根据投资风险与收益的不同，股票型基金可分为成长型股票投资基金和收益型股票投资基金。

1. 成长型基金。以资本长期增值为投资目标，其投资对象主要是市场中有较大升值潜力的小公司股票和一些新兴行业的股票。为达成最大限度的增值目标，成长型基金通常很少分红，而是经常将投资所得的股息、红利和盈利进行再投资，以实现资本增值。成长型基金所持有的股票一般具有较高的业绩增长记录，同时也具有较高的市盈率与市净率等特性。

2. 收益型基金。是指以追求稳定的经常性收入为基本目标的基金，主要以大盘蓝筹股、公司债、政府债券等稳定收益证券为投资对象。这种基金以价值增长类股票为主构造投资组合，在实际运作中更注重风险控制、追求资产的稳定增值。其主要选择商业模式比较成熟稳定、现金流动波动较小、红利发放率较高的公司。该类公司股票的价格一般具有较低的市盈率和市净率，波动不大，抗跌性强，在市场下跌时，该类基金经常能起到稳定市场的作用，但在牛市时，其收益相比成长型基金要低。

中信红利股票基金与华夏大盘精选股票基金对比如表 3－6 所示。

表 3－6

基金名称	中信红利精选股票型证券投资基金	华夏大盘精选证券投资基金
投资风格	分红型（价值型）	增值型（成长型）
成立日期	2005－11－17	2004－08－11
累计净值	3.966	10.046
贝塔系数	0.796	0.8084
简森指数	0.0026	0.0061

续表

基金名称	中信红利精选股票型证券投资基金			华夏大盘精选证券投资基金		
特雷诺指数	0.013			0.017		
夏普比率	0.2996			0.3774		
十大重仓股	2009-09-30	2008-09-30	2007-09-30	2009-09-30	2008-09-30	2007-09-30
	中国石化	中国铁建	唐钢股份	国阳新能	恒生电子	北大荒
	工商银行	贵州茅台	宝钢股份	片仔癀	金牛能源	中国石化
	交通银行	东阿阿胶	中国平安	中国联通	云南城投	长春经开
	北京银行	博瑞传播	中海发展	建设银行	天山股份	峨眉山A
	复星医药	航天信息	中国远洋	中材国际	广电网络	岳阳兴长
	特变电工	国药股份	兴业银行	星湖科技	峨眉山A	天山股份
	中联重科	北大荒	国电电力	中恒集团	乐凯胶片	世茂股份
	华侨城A	荣信股份	武钢股份	渝开发	岳阳兴长	华业地产
	太钢不锈	中兴通讯	浦发银行	中国石化	大同煤业	安泰集团
	燕京啤酒	东方电气	中远航运	恒生电子	青岛啤酒	冠城大通

（资料来源：根据搜狐财经频道整理。）

从表3-6我们可以清楚地比较出，两者在投资对象上有明显的差别，中信红利（价值型）主要投资中石化、工商银行、中国铁建、中国平安等大盘蓝筹股，而华夏大盘则侧重于投资国阳新能、片仔癀、星湖科技等成长型股票。

（四）合格境内投资者（QDII）

QDII是Qualified Domestic Institutional Investors（合格境内机构投资者）的英文首个字母缩写，是指在人民币资本项下不可兑换、资本市场未开放条件下，在一国境内设立，经该国有关部门批准，有控制地允许境内机构投资境外资本市场的股票、债券等有价证券投资业务的一项制度安排。

国内获得QDII资格的机构投资者包括商业银行、保险公司、基金公司和证券公司。基金公司开展QDII业务，主要是直接投资境外证券市场不同风险层次的产品。与此前银行同类产品主要投资单一市场或结构性产品以及多数实施投资外包不同，基金公司的QDII产品投向更为广泛，把目标锁定全球股票市场，具有专业性强、投资更为积极主动的特点。基金QDII产品投资比例理论上可达到100%。在投资管理过程中，除了借助境外投资顾问的力量外，国内基金公司组成专门的投资团队参与境外投资的整个过程，享有完全的主动决策权。此外，基金QDII产品的门槛较低，适合更为广泛的投资者参与，基金QDII产品起点仅为1 000元人民币。

投资QDII产品的优势在于：（1）分享全球经济增长的成果；（2）分散风险，优化资源配置；（3）投资工具和投资品种更加丰富；（4）规范的市场基础创造了良好的投资环境。

就投资策略而言，投资QDII产品，理性选择非常重要。要做到这一点，选准时间入场、把握好产品的投资主题、了解清楚市场情况是最为关键的三点。

- 选准入场时间。这是投资有个好开端的起点。虽然估计市场何时进入底部或者处于高位，对很多人而言并非易事，但可以汲取的一点经验是“不在市场处于非理性亢奋时进人”。

• 把握好产品的投资主题。一个 QDII 产品必须有一个明确的投资主题，过于宽泛的投资范围，可能将其在不同市场的投资收益因为市场的不同情况而对冲掉。只有投资主题明确，产品的投资前景和总体收益预期才能比较容易被投资人认识清楚。只有投资前景明朗，投资才能更加有的放矢。

• 了解当前市场的情况。市场情况如何，是决定投资能否成功的重要因素。购买 QDII 产品前，投资人最好先向理财顾问咨询清楚当前市场的走势以及相关的宏观经济的情况。在明确了市场情况后，结合自己的预期再做投资是比较合适的。

（五）其他特殊类型基金

1. 伞形基金。又称“伞子基金”、“系列基金”，是基金的一种组织形式。在这一组织结构下，基金发起人根据一份总的基金招募书，设立多只相互之间可以根据规定的程序及费率水平进行转换的基金，这些基金称为“子基金”或“成分基金”；而由这些子基金共同构成的这一基金体系被称为“伞形基金”。

相关链接

伞形基金好转换

由于伞形基金体系中各子基金可能属于不同投资风格、不同类型的基金，因此充分利用基金转换可规避风险。如股市不好时，将股票型基金较低成本转换为债券型基金或货币型基金；而当股市繁荣时则反向操作。

2. 保本基金。是一种半封闭式的基金品种。基金在一定的投资期（如 3 年或 5 年）内为投资者提供一个固定比例（如 100%、102% 或更高）的本金回报保证，除此之外还通过其他的一些高收益金融工具（股票、衍生证券等）的投资保持了为投资者提供额外回报的潜力。投资者只要持有基金到期，就可以获得本金回报的保证。在市场波动较大或市场整体低迷的情况之下，保本基金为风险承受能力较低、同时又期望获取高于银行存款利息回报、并且以中至长线投资为目标的投资者提供了一种低风险同时又保有升值潜力的投资工具。

3. 指数基金。是按指数化的方式进行投资的基金。简单地说，就是选择一定的市场指数进行跟踪，被动地投资于市场，使得基金的收益与这个市场指数的收益一致。

4. 配置型基金。是指基金资产灵活地投资于股票、债券、货币以及金融衍生品等多种混合型金融工具的基金。这种基金兼具股票基金、债券基金的优势，能够较好地使投资者在获得稳定的红利、利息等收益的同时，可以获得相应股票价格上涨带来的资本利得，因而越来越受到投资者的欢迎。

5. 交易所交易基金。是指可以在交易所交易的基金。交易所交易基金从法律结构上说仍然属于开放式基金，但它主要是在二级市场上以竞价方式交易，并且通常不准许现金申购及赎回，而是以一篮子股票来创设和赎回基金单位。对一般投资者而言，交易所交易基金主要还是在二级市场上进行买卖。

6. 上市型开放式基金。是指在交易所上市交易的开放式证券投资基金。该种基金的投资者既可以通过基金管理人或其委托的销售机构以基金净值进行基金的申购、赎回，也可以通过交易所市场以交易系统撮合成交价进行基金的买入、卖出。

二、基金投资策略

（一）熟悉基金费用与投资方法

1. 基金费用。包括四部分：销售手续费、赎回费、管理费和托管费。

（1）**销售手续费**。投资者在购买基金的时候需要支付一定的手续费，目前国内基金的销售手续费费率一般在基金金额的1%～1.5%之间。在基金发行期的销售手续费叫“认购费用”，发行期结束后的日常销售费用叫“申购费用”。一般来讲，基金公司为了吸引投资者在基金发行时购买基金，认购费率比申购费率要便宜一些。为了使投资者长期持有基金，有些基金公司还推出了后端收费模式，即在投资者购买基金的时候不收手续费，而将此项费用延迟到投资者赎回的时候再收取。但如果投资者持有基金的时间超过一定期限，赎回的时候便不再收费了。

（2）**赎回费**。目前国内基金在赎回的时候还要收取赎回费，主要是支付赎回时的操作费用。一般的赎回费率在赎回金额的0.5%左右。同样是鼓励投资者长期持有基金，一些基金公司推出了赎回费随持有时间的增加而递减的收费方式，即持有基金的时间越长，赎回时支付的赎回费越少；持有时间长到一定程度，赎回时就可不收费。根据最新的基金法规，25%的赎回费是要计入基金资产的，以补偿没有赎回的投资者可能受到的损失。

（3）**基金管理费**。基金是委托专家理财，应该付给专家也就是基金公司一定的管理费。目前国内的年管理费率一般在0.3%～1.5%之间，视投资目标和管理的难易程度不同而有所区别。一般而言，收益和风险较高的品种，管理难度也较大，如股票型基金，管理费较高；而收益和风险较低的品种，如货币市场基金，管理费较低。管理费的支付方式和销售费、赎回费不同。后两种费用是在买卖基金的时候支付或从赎回款中扣除，而管理费则是从基金资产中扣除。在实践中，管理费一般是每天计算，从当日的净值中扣除，投资人不需要额外拿钱出来。

（4）**托管费**。基金的管理原则是“投资与托管分离”。托管机构负责基金资产的保管、交割等工作，同时还有监督基金公司的职能，所以需要付给托管机构托管费。一般在国内，年托管费在基金资产净值的0.25%左右。

2. 基金投资方法。

第一步，建立自己的基金投资组合

【财富格言】“不要把鸡蛋放在一个篮子里。”

投资者既可单一认购任何一只基金，也可自由“配餐”组合，选择适合自己风险承受能力的组合，在各种不同搭配的组合中获得理想的收益。由于设计不同，不同的系列基金有不同的具体细则。总体来看，系列基金里不同的子基金适合不同类型的投资者投资。如债券型子基金，比较适合不愿意承担投资风险、预期收益稳定的投资者；股票型子基金比较适合能够承担较大的投资风险、对收益要求较高的投资者；平衡型子基金适合既想分享股票上涨时的收益、又想分享债市上涨带来的稳定收益的投资者。

提示：投资者应该将股票基金和债券基金都纳入自己的投资组合。如果将资金都投资于股票型基金，一旦市场转多为空，将因此蒙受资产大幅缩水的危险；如果全部投资于债券型基金，在牛市时期则不能分享股票上涨带来的资产升值。目前各基金公司推出的系列基金中都包括这两类基金，投资者可以通过变动对各子基金的投资比例获取最大收益。

第二步，熟悉基金转换业务。

很多新基金在发行的时候对在发行期参与认购的投资者会有转换业务的优惠措施。比如，某只新货币型基金规定在合同生效的 90 天内可以免费转换成该公司旗下的其他基金（货币型基金没有认购费），如果投资者有意购买该公司的其他基金，这时候就可以申购这只新基金，然后选择转换，这样就可以节约一笔不小的认购费，因为通常转换费、认购费、申购费三者中，转换费率最低、申购费率最高。

第三步，确立"基金定投计划"的投资法则。

基金定投业务是基金申购业务的一种方式，它通常是指投资者通过基金的销售机构（如银行等）提交申请，约定每期扣款时间、扣款金额、扣款方式和申购对象，由销售机构于约定扣款日，在投资者指定资金账户内自动完成扣款及基金申购手续。

"基金定投计划"的好处：

（1）投入资金可控最低可达每月 200 元的缴款额度，突破了平均 1 000 元的基金传统申购金额底线，因此即便是处于事业发展初期的年轻人也能够从容地加入基金理财的行列，且随时可以根据自身财务状况选择停止缴款或变更缴款额度，没有时间束缚和手续费损失。

（2）交易手续简化一次性手续办理，程序化申购延续，免去基金投资人多次申购而屡次为手续所累的烦恼。

（3）投资风险降低在时间跨度与投资成本上的等分和平均化效应，可以有效规避证券市场暴涨暴跌的波动风险。随时可以调整乃至取消的缴款申购机制赋予投资者更大的投资主动性和资金调配的灵活性，同样有助于降低投资风险。

（4）收益优化平均。

（二）熟悉投资技术

1. 自上而下的投资策略。选择基金采用的是自上而下的投资策略，先选择好的基金公司，再对应选择旗下你所需要的优秀基金。

2. 风险偏好和投资组合配置。基金有很多种，但是哪一种更适合你，是由你的风险偏好和投资组合配置决定的。判断风险承受能力的方法是"100 法则"，即用 100 减年龄得到的数值，即为投资资产中可投资于风险较大的资产的比例。例如，现年 20 岁，则可以将 80% 的资金投资于股票或股票型基金。当然，实际运用中还可以根据自身的风险偏好作适当调整。

3. 基金经理能力和投资风格。优秀的基金经理管理的基金，应该是很多人所推崇的。基金经理虽然只是团队的一员，但是却在很大程度上决定了这个基金的风格。考察基金经理主要可以看他的学术背景和从业经历，一般要求经济类专业硕士以上毕业，并拥有 5 年以上金融投资行业从业经历。

小资料

明星经理王亚伟

王亚伟，现为华夏基金管理公司副总经理、副总裁、投资决策委员会主席、华夏大盘精选基金和华夏策略混合基金经理。

1994 年进入中信国际合作公司。

1995 年进入华夏证券公司，在当时全国最大的证券营业部华夏证券北京东四营业部任研究部经理。

1998 年，华夏基金管理公司开始筹建，王亚伟加入筹备组，4 月份公司成立。

1998 年 4 月 28 日，基金兴华成立。王亚伟任经理助理，之后任基金经理。

2001 年 12 月起王亚伟开始担任华夏成长的基金经理。

2005 年 12 月王亚伟接手华夏大盘精选基金。2006 年，华夏大盘以 154.49% 的业绩在 118 只基金中排名第 12。

2007 年，华夏大盘气势如虹，更以 226% 的净值增长率高居国内各类型基金之首，比第二名高出 35 个百分点，净值增长率是同期上证综指涨幅的 2.33 倍。

真正让王亚伟声名鹊起的是 2008 年的大熊市。"熊市跌得比别人少，牛市涨得比别人快"，2008 年华夏大盘在股市暴跌中成为基金抗跌亚军。

在王亚伟的明星效应下，华夏基金旗下产品整体业绩最优，3 年来国内表现最佳基金十占其四，2008 年度第四次获得金牛基金公司奖，更有 8 个产品摘得金牛单奖。

（资料来源：根据官网相关资料整理。）

4. 专业指标数据。作为基金评价，我们也可根据专业的指标数据来判断。例如，夏普比率、标准差、阿尔法值、贝塔值、特雷诺指数等。

• **夏普比率**反映的是你的投资组合的收益超过无风险收益率的风险溢价与标准差之比，如果能超越市场组合的夏普比率，那就是好的基金。简单来说，夏普比率越高越好。

• **标准差**反映了基金的风险情况，因此标准差越小越好。

• **阿尔法值**（实际回报与预期回报之差）反映了在同类型基金中的排位，越大越好，最好大于 0。

• **贝塔值**反映的是相对于市场组合的收益波动情况，贝塔值大于 1，则其涨跌幅都大于市场组合的涨跌；若小于 1，则其涨跌幅都小于市场组合的涨跌。若要选择涨得比市场快的，那肯定是要贝塔值大的好；但是若市场下跌，相应地也会跌得快！

• **特雷诺指数**指基金所冒风险是否有利于投资者的判断指标。特雷诺指数越大，单位风险溢价越高，开放式基金的绩效越好，基金管理者在管理的过程中所冒风险有利于投资者获利。

以上数据，可以在一些专业的评级机构如晨星里找到，或者自己计算。

5. 历史业绩考察。对历史业绩的考察，是很多普通投资者最关心的。但历史业绩不代表以后的业绩。事实上，一个好基金，应该是长跑冠军，我们看基金的历史业绩，至少要看几段：一是近 2 ~ 3 年的业绩；二是今年的业绩；三是近一个季度的业绩；四是近一个月的业绩。在比较上，应按照净值增长率来比较，和同类型基金而不是和不同类型的基金作对比。同时要结合市场行情的现实情况。例如，你不能把小盘股行情下的小盘基金和大盘蓝筹基金作对比。

6. 基金近期的变动情况。主要包括：基金经理变动、基金契约变动、基金的分红、基金分拆、基金的封闭与开放等情况。其中，最值得关注的有两点：一个是基金经理的变动，一个是基金的分红与分拆。基金经理的变动可能会导致基金投资风格的不同；基金的分红与分拆，本质上是有所不同。分拆，纯粹是账面游戏，属营销手段。分拆后的基金要考虑到可能会引起其基金规模过大的后果。

7. 基金投资报告。按照原则，每个季度一次基金投资报告是我们了解基金的最佳方法。基金投资报告不一定每个人都能看得懂，但其中值得重点把握的是如下几个方面：(1) 基金报告期内的收益及标准差与其跟踪标准的收益及标准差的比较；(2) 基金报告期内投资策略的描述；(3) 基金的重仓情况及投资分布情况，是否均衡配置还是采取超配的办法、股债投资比例；(4) 基金的规模变动，申购赎回情况；(5) 基金有无违规操作的事项。

知识训练

1. 凭证式国债和记账式国债有何区别？
2. 二级市场上债券的交易程序如何？
3. 什么是蓝筹股、红筹股、ST 股、成长股、大盘股、小盘股？
4. 什么是 K 线理论？什么是开盘价、收盘价、最高价、最低价、引线？
5. MA 移动平均线的运用法则是什么？
6. MACD 指数平滑异同平均线的运用法则是什么？
7. KDJ 随机指标的运用法则是什么？
8. BIAS 乖离率指标的运用法则是什么？
9. RSI 相对强弱指标的运用法则是什么？
10. 什么是波浪理论、形态理论、切线理论及其运用法则？
11. 什么是货币基金、股票基金、债券基金、指数基金、伞形基金？
12. 什么是基金定投和基金转换？
13. 基金投资有哪些技巧和策略？

技能训练

1. 组织参观某证券公司，了解股票开户程序，符合条件的同学办理证券开户。
2. 选择某银行营业机构，咨询当期正在发售的国债买卖手续及收益情况。
3. 课堂连接股票实时交易系统，现场分析某股票的买卖机会（买卖点）。
4. 对比两家不同基金代销机构（银行或证券公司），比较两者在基金开户、交易、定投、转换及基金费率等方面的差异。

第4章

券商及信托产品

学习目标 □ 了解券商理财产品、信托理财产品的种类

□ 掌握不同券商理财产品、信托理财产品的重要条款及投资事项

从2005年我国首只集合理财产品面世以来，券商集合理财经过几年的发展，已经成为证券市场一支重要的生力军。随着券商创新业务的升级，以及规范类券商集合理财产品的加入，券商集合理财的总规模还将壮大，而股市、债市和货币等市场的蓬勃发展也将为券商集合理财产品提供良好契机。

第一节 券商理财产品

财富故事

看清券商理财产品补偿条款，中途搭车，损失不获补偿

与基金和股票的投资风险自担相比，本金和收益补偿是券商理财的一大亮点。多数产品都承诺以一定的自有资金参与，当委托投资者的本金出现亏损或未达保障收益时，券商以自有份额资产进行补偿。因此，许多风险偏好较弱的人正是看到这一点而选择了这一理财产品。黄先生就购买了某一款券商集合资产计划。可是当他持有到期时发现并没有达到合同承诺的收益率，于是要求券商补偿。可是，券商的回答让黄先生如梦方醒："只有推广期认购的才有补偿"。原来，黄先生是在该产品推广结束并过了封闭期和准封闭期后才购买的，而该产品的合同条款写明"推广期认购并持有到期的资金，如果有损失，券商以自有资金进行补偿。"这意味着，像黄先生这样中途搭车的投资者，即使持有到期也不能获得补偿。黄先生只好自己承担这一部分损失了。

（资料来源：王琳，《老两口理财》，中国经济出版社2005年版。）

券商理财产品是证券公司开办的资产管理业务，主要包括券商集合资产管理计划和券商专项资产管理计划。

一、券商集合资产管理计划

券商集合理财管理计划，通俗地讲就是券商接受投资者委托，并将投资者的资金聚集起来投资于股票、债券等金融产品的一种理财服务。

券商集合理财产品可分限定性和非限定性两类（见表 4－1）。

表 4－1　部分券商集合理财产品列表

（收益率统计至 2009 年 9 月 1 日）

序　号	券商产品名称	券商名称	理财产品类型	设立以来总收益（%）	成立日期
1	国信“金理财”价值增长	国信证券	非限定性	45.55	2007.1.25
2	光大阳光 2 号	光大证券	非限定性	220.28	2006.8.31
3	东方红 3 号	东方证券	非限定性	－10.21	2008.3.17
4	华泰紫金 3 号	华泰证券	非限定性	24.35	2007.3.6
5	广发理财 3 号	广发股份	非限定性	204.42	2006.1.18
6	中信理财 3 号股债双赢	中信证券	非限定性	10.18	2007.4.6
7	中金中华	中金	非限定性	5.6	2008.2.28
8	国泰君安君得益优选	国泰君安	非限定性	－4.01	2007.12.12
9	招商基金宝二期	招商证券	非限定性	－23.12	2007.8.27
10	东海东风 2 号	东海证券	非限定性	25.58	2008.6.13
11	中金股票策略 2 号	中金	非限定性	－6.91	2008.5.8
12	中国红 1 号	中银国际	非限定性	19.52	2009.1.20

- **限定性集合理财**，是指其主要投资于国债、国家重点建设债券、债权型投资基金、在证券交易所上市的企业债券以及其他信誉度高且流动性强的固定收益类金融产品，投资于业绩优良、成长性高、流动性强的股票等权益类证券以及股票型基金的资产不超过该计划资产净值的 20%。
- 限定性券商理财投资起点一般为 5 万元，非限定性集合理财产品投资范围由集合理财合同规定。非限定性券商理财投资起点多为 10 万元。

提示： 目前新发的券商集合理财产品以非限定性产品居多，投资范围包括股票、股票型投资基金、固定收益类资产及现金类资产。目前一些券商集合理财产品在招募合同中设定股票类资产的投资比例上限可达 95%，已类似股票型基金。

相对于银行和基金理财产品，券商集合理财产品有其自身特点：

1. 投资比较灵活。其投资范围可以跨股市、债券、银行，并且非限定性集合理财产品投资于固定收益类产品和权益类投资的比例不受限制，而且还可以投资于基金。

2. 一般有自有资金参与。券商理财产品被公认为系统性风险较大，因此许多计划有自有资金参与，作为出现亏损时的优先赔偿资金。

3. 参与门槛相对较高。个人投资者投资集合计划的门槛为5万元或10万元，远高于其他产品的资金门槛。

4. 在流动性和运作透明度方面，券商集合资产管理计划不如基金。法规只要求证券公司至少每三个月向客户提供一次准确、完整的资产管理报告，信息披露滞后。

5. 管理费用一般略低于公募基金。

案例：

招商证券股票星集合资产管理计划

全　称	招商证券股票星集合资产管理计划	
类　型	非限定性集合资产管理计划	
规模上限	推广期50亿份，存续期50亿份（包括自有资金参与的份额）	
存续期限	计划宣告成立起八年	
资产配置比例	国内依法公开发行上市的上市公司股票（包括新股申购）、可转债及可分离债申购	0%～90%
	封闭式投资基金及ETF投资基金	0%～30%
	短期金融工具	10%～100%
	中国证监会允许投资的其他金融工具	以中国证监会允许的投资比例为限
参与价格	推广期参与价格等于面值，即人民币1.00元； 开放期参与价格为T日（交易申请日）单位净值	
参与金额限制	首次参与最低人民币10万元（包括参与费）。	

（资料来源：招商证券网站，有删节。）

二、券商专项资产管理计划

券商专项资产管理计划是指证券公司开展企业资产证券化业务，作为管理人购买企业（即原始权益人）的特定资产或特定资产的未来现金收益，并以此为基础资产发起设立专项资产管理计划，面向境内合格投资者推广计划的受益凭证，由商业银行作为托管人，投资者认购受益凭证并根据约定取得基础资产收益。

券商专项资产管理计划的基础资产可以是一项资产，也可以是多项资产组成的资产池，未来现金流量比较稳定。计划存续期内，在不影响收益支付的情况下，证券公司可以按照约定对计划收益进行投资管理，投资品种主要为定期存款和货币市场基金等。

券商专项资产管理计划作为一种私募产品，其特点是：

- 认购起点高；
- 专项计划成立后在证券交易所以大宗交易方式进行转让交易；
- 专项计划受益凭证收益率有固定方式和浮动方式；
- 期限有半年、1年、5年、10年等，比较灵活。

总体上看，券商专项资产管理计划适合有较高经济基础、偏好固定收益产品、对理财产品流动性要求不高的机构投资者和高端个人投资者。

案例：

招商证券华能澜沧江水电收益专项资产管理计划

1. 成立时间：2006年5月11日。

2. 存续期间：专项计划期限为五年，自专项计划成立之次日起计算，第五年的对应日即为专项计划到期日，存续期满后无特殊原因不再展期。

3. 受益凭证的类别、简称及交易代码：

类　别	期　限	利　率	简　称	挂牌交易代码
优先级	三年期	3.57%	澜电01	119002
优先级	四年期	3.77%	澜电02	119003
优先级	五年期	基准利率+180BP	澜电03	119004
次级	五年期		澜电03	无

4. 受益凭证的分配方式。本专项计划各期优先级受益凭证的预期收益在计划成立之次日起每满六个月分配一次，到期一次性支付投资者持有的优先级受益凭证面值总额。

7. 专项计划资金投资范围。专项计划资金投资于华能澜沧江自专项计划成立次日起五年内特定期间（共计38个月）的漫湾发电厂水电销售收入中合计金额为贰拾肆亿元（RMB：24亿元）的现金收益。

8. 受益凭证登记及转让。受益凭证在中国证券登记结算有限公司深圳分公司登记托管。

专项计划存续期内，受益凭证持有人可在深圳证券交易所大宗交易平台进行转让，招商证券提供双边报价服务。

9. 交易结构图。

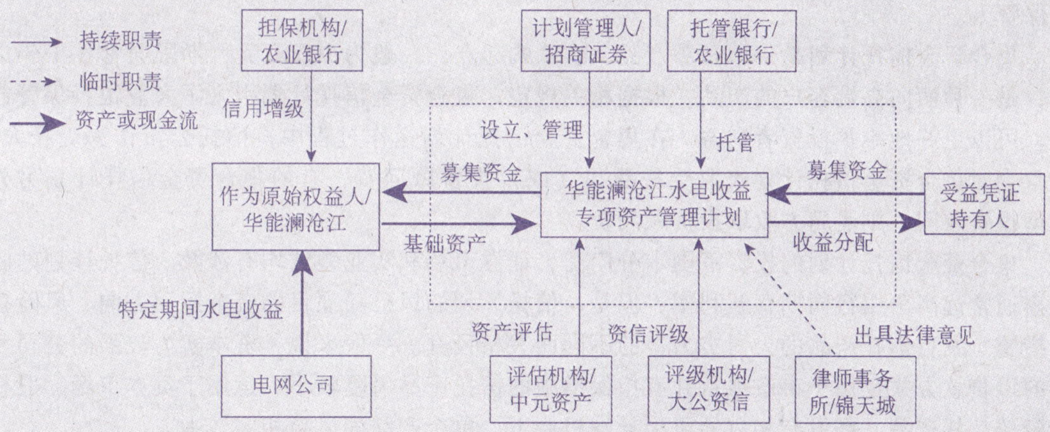

10. 受益凭证的相关约定。

（1）专项计划存续期内，优先级受益凭证持有人持有的优先级受益凭证不得要求管理人赎回其取得或受让的优先级受益凭证。

（2）专项计划存续期内，云南华能澜沧江水电有限公司必须持有次级受益凭证，且不得以转让、质押等方式进行处置，也不得要求管理人赎回其持有的次级受益凭证。

（资料来源：招商证券网站，有删节。）

第二节　信托理财产品

财富故事

昔日烂尾楼　信托助其变成西南最大珠宝市场

时代凯悦大厦的前身“假日大厦”对当地市民来讲不陌生，这个楼体已在人民中路二段矗立了近9年，它为双塔式结构，1994年11月动工修建，1997年底因资金缺乏被迫停工，并被依法查封。因其为成都市投资最多、楼层最高的市中心烂尾楼，被称为成都“一号烂尾楼”。

2003年6月18日，上海东渡房产公司以1.207亿元的价格拍得假日大厦。随后由东渡国际集团投资，成都东渡房地产开发有限公司将其开发成商业与公寓混合的房地产项目。据成都东渡房地产公司相关人士介绍，该公司“通过信托借款的方式获得1.2亿元，用于大厦的裙楼装修及主、副楼内装。将把该大厦打造成西南最大的珠宝交易中心”。

（资料来源：“一号烂尾楼变身西南最大市场”，《成都晚报》，2006年8月1日。）

信托理财产品是指由信托公司担任受托人，按照委托人的意愿，将两个以上（含两个）委托人交付的资金汇集成立集合资金信托计划，进行集中管理、运营或处分，由商业银行担任保管人。

集合资金信托计划是一种私募产品，有认购起点，一般为100万元，期限通常在1年以上，是一种面向高端客户的产品。根据相关规定，集合资金信托计划引入了商业银行保管制度，可以更好地维护投资者利益。在集合资金信托计划运作过程中，信托公司作为受托人，通常会对集合资金信托计划收取受托费和（或）投资顾问费，有的集合资金信托计划另外聘请投资顾问，则受聘方收取投资顾问费。

集合资金信托计划的投资范围十分广泛，证券市场和实业领域均有涉及。信托计划的收益率通常远高于银行同期存款利率，但是，信托计划的风险随项目的资金运用方向、风险控制措施、发行信托产品的公司实力等的不同而大相径庭。一般来说，资本实力较强的公司发行的以贷款方式运用于市政项目并有担保措施的信托产品风险较小；运用于资本市场、股权投资的信托产品，在没有相应的风险转嫁机制下，单个产品的风险相对较大。

集合资金信托计划按照投资方向可分为证券投资类资金信托计划和非证券投资类信托投资计划。

一、证券投资类集合资金信托计划

证券投资类集合资金信托计划募集的资金主要投资于新股申购、二级市场交易、证券投资基金和银行间市场交易品种等。

与其他证券投资类理财产品相比，证券投资类集合资金信托计划的投资更加自由，相关法规对其投资运用没有太多限制，相关投资品种的选择和投资比例完全由信托合同约定。同时，集合资金信托计划在信息披露上也比其他产品的限制少，管理人的操作更加隐蔽，投资更加灵活，可以为投资者带来更高的收益。

证券类信托产品按资金投向可分为在二级市场上的证券投资、在一级市场上用于新股申购或二者兼而有之。相对来说，信托资金用于新股申购的风险较低，二级市场的证券投资风险较大。但不论是哪种投资方式，信托公司在信托产品设计中大多引用优先—次级受益权的结构化设计，满足不同风险偏好投资者的需求。

案例：

深国投·鹰格1期证券投资集合资金信托计划

1. 信托计划期限：长期信托，不限定信托计划存续期限，如发生信托合同规定的信托计划终止情形时，本信托计划才予以终止。

2. 信托计划财产的管理运用：投资在上海证券交易所、深圳证券交易所或中国金融期货交易所公开挂牌交易或已经公开发行并即将公开挂牌交易的所有投资产品、银行间投资品种（如银行间债券、中央银行票据等）以及中国证券业监督管理委员会许可发行的基金当前和未来可以投资的其他所有投资品种。

3. 资金最低限额要求：首次认购，委托人的首次认购金额不低于人民币100万元。信托存续期内，委托人可追加信托资金，追加的信托资金应为人民币10万元的整数倍。

4. 持有期限要求：封闭期和准封闭期。推介期内认购的信托单位自其成立之日起至其之后的第6个开放日（含第6个开放日）为该部分信托单位的封闭期。信托存续期间认购的信托单位在认购到该信托单位之开放日起至其之后的第6个开放日（含第6个开放日）为该部分信托单位的封闭期。委托人自封闭期届满之日起至其之后的第6个开放日（不含第6个开放日）为本信托计划的准封闭期。

5. 信托单位的赎回费用：

（1）委托人赎回认购已满1年的信托单位或因信托计划利益分配而直接转化的信托单位，其赎回费为零。

（2）委托人赎回处于准封闭期且非因信托计划利益分配而直接转化的信托单位，赎回费用分情况按下列公式计算：

A. 若赎回开放日经分红派息调整后的信托单位净值高于其初始认购时的单位净值，赎回费率为3%，即赎回费用按以下公式计算：

$$\text{赎回费用} = \text{委托人申请赎回的信托单位份数} \times \text{赎回开放日的信托单位净值} \times 3\%$$

B. 若赎回开放日经分红派息调整后的信托单位净值低于或等于其初始认购时的单位净值，则赎回费用为零。

（资料来源：鹰格投资网站，有删节。）

二、非证券投资类集合资金信托计划

非证券投资类集合资金信托计划以贷款类信托、不动产信托、财产信托、受益转让信托、股权投资信托、权益投资信托、设备（动产）信托等类型比较常见。其中，贷款信托无论在发行数量和募集资金量方面都占有绝对优势。

小资料

其他信托计划类型

财产信托：一般是委托人将现存财产或财产性权利，如房产、股权、信贷资产、路桥、工业森林、加油站收益等委托给信托公司，再向投资者转让信托权益，属资产证券化的衍生金融产品。

房地产信托：是指房地产法律上或契约上的拥有者将该房地产委托给信托公司，由信托公司按照委托者的要求进行管理、处分和收益，信托公司在对该信托房地产进行租售或委托专业物业公司进行物业经营，使投资者获取溢价或管理收益。

权益投资的资金信托：是指将信托资金投资于能够带来稳定持续的现金收益的财产权或者权益的资金信托品种，这些权益包括基础设施收费权、公共交通营运权、旅游项目收费权、教育项目收费权等，甚至可以是另外一个信托的受益权本身等。

动产信托：是指在动产的买卖过程中，在买方资金不足或卖方对买方信用不够了解的情况下，将财产所有权转移给信托机构，从信托机构获得融资或信用担保，最终实现动产的买卖。所谓动产，是指可以移动的财产，如交通工具、设备、原材料等一切可以搬运、移位的财产。

贷款信托是指通过信托方式吸收资金用来发放贷款的信托方式。这类信托产品在收益风险上具有以下几个特点：

第一，项目的收益是封顶的。收益来源于贷款利息，执行人民银行相关利率标准。

第二，尽管信托公司基于自身的专业技能挑选了相关的项目进行贷款，但由于信息不对称，只能依赖对信托公司的信任。为此在产品设计方面有多种措施来控制信用风险。具体措施包括：

1. 财政支持的方式。即偿还贷款本金和利息的收入直接来源于财政资金；或者如果出现不能按期偿还本金和利息的行为，财政承诺按照这一差额补偿；或者财政资金作为项目投资的一部分直接参与贷款，降低其他投资者的投资风险。

2. 第三者担保。担保方都是具有较高的信用等级和偿还能力的企业。

3. 其他控制贷款信用风险的方式。包括：房地产资产超额抵押方式和贷款偿还的责任保证保险方式。这些方式各异，但都在一定程度上规避了可能的信用风险。

采取贷款方式本身即面临着利率风险，这种利率风险主要来自于两个方面：一是现有信托产品面临着基准利率上调可能带来的风险；二是贷款利率不能同比例上调补偿可能的损失。

案例：

上海国投·黄浦投资集团信托贷款项目资金信托计划

1. 产品类型：融资租赁类。

2. 产品期限：1年。

3. 信托期限：1年，自然人≤50份，机构不限份数，投资人须为合格投资者。

(4～7略)

8. 预期收益：优先受益人预期年收益率为7%。

9. 收益分配：信托收益到期一次性分配。

10. 还款来源：为该集团营业收入和未质押的兴业银行股权631.16万股抛售的股价收入。

11. 资金运用：用于上海黄浦投资集团实施的部分项目的流动资金。

12. 信托计划概况：上海国际信托投资有限公司（简称“受托人”）将委托人交付的资金贷款给上海黄浦投资集团，用于其实施的部分项目的流动资金。黄浦投资集团以其持有的兴业银行股权（股票代码：601166）630万股做质押担保进行信托融资。

13. 信托计划主要风险控制：(1) 上海黄浦投资集团以其持有的兴业银行股权（股票代码：601166）630万股做质押担保。(2) 兴业银行股票截至2008年11月24日的收盘价格为14.33元/股，质押股权的市值为9 027.9万元。在信托存续期间，当兴业银行的二级市场价格低于警戒价格10.94元时，受托人要求借款人必须追加资金。

（资料来源：根据上海国投网站资料整理。）

三、信托理财的优点

（一）信托财产的所有权、管理权、受益权相分离

信托投资公司可以根据客户的喜好和特性，量身定做信托产品，通过专家理财最大限度地满足委托人的要求。信托产品的受益人可以是自己（自益信托），也可以是他人（他益信托），还可以是大众（公益信托），这是信托产品独有的特色。这种投资方式和产品的灵活性是券商、银行和基金公司所缺乏的。与个人单独理财相比，专家理财省时省心，风险低、收益高。通过信托集中起来的个人资金，由专业人才进行操作，他们可以凭借专业知识和经验技能进行组合投资，从而避免个人投资的盲目性，以达到降低投资风险、提高投资收益的目的。

（二）信托财产法律上独立

人们的财产一旦经过合法的信托形式，便不受委托人、受托人（信托投资公司）以及受益人的债务人追索。即使信托投资公司出现破产，信托财产还可以完整地交由其他信托投资公司继续管理。因此，在法律上最大限度地保护了信托财产的独立与安全。

（三）投资领域的多元化

根据信托的特点，信托投资公司是目前惟一准许同时在资本市场、货币市场和实业领域投资的金融机构。投资领域的多元化可以在一定程度上有效降低投资风险，实现投资人收益的最大化。

（四）信托制度有利于长期规划

信托存续具有连贯性。信托不因受托人的死亡、解散、破产、辞任、被解任或者其他情形而终止，具有一定的稳定性和长期性，因而更适合于长期规划的财产转移与财产管理。

（五）信托制度运用较为灵活

信托制度的灵活性表现在以下方面：信托财产多元化，凡具有金钱价值的东西，不论是动产还是不动产，是物权还是债权，是有形的还是无形的，都可以作为信托财产设立信托；信托目的自由化，只要不违背法律强制性规定和公共秩序，委托人可以为各种目的而创设信托；信托应用领域非常宽泛，品种繁多。

（六）受益人的利益能够得到有效的保障

一方面，信托财产的所有权与受益权分离。在法律上，信托财产被置于受托人名下。受托人根据法律和信托文件，享有信托财产上的财产权，有权以自己的名义管理、运用和处分信托财产。委托人和受益人无权管理和处分信托财产，但是，信托所产生的利益归受益人享有。另一方面，信托财产具有独立性，这使信托财产免于委托人或受托人的债权人的追索，从而赋予受益人对信托财产享有优先于委托人或受托人的债权人的权利。最后，根据有关法律法规规定，信托具有保密的功能。

知识训练

1. 券商集合资产管理计划有哪些特点？
2. 贷款信托有哪些特点？
3. 信托理财的优点主要表现在哪些方面？

技能训练

实训项目	券商与信托产品介绍和简要分析
实训任务	1. 查询某券商发行的集合资产管理计划，为该产品的投资者提供投资建议和重点注意事项； 2. 查询某信托投资公司发行的证券投资类集合资金信托计划，为该产品投资者提供投资建议和重点注意事项。
实训目的	锻炼学生归纳材料、分析问题和语言表达能力。
条件要求	无。
资料准备	1. 给学生提供一些市场上发行的券商和信托产品的简要资料； 2. 向学生提供这些产品发行机构的网址。
考核要求	完成无纸化实训报告，做好 PPT 汇报材料。
实训过程提示	1. 说明本次实训的任务与目标； 2. 提示学生需要搜集的主要资料及搜集途径； 3. 对学生进行分组，要求每组指定一名同学以 PPT 的形式做好上讲台汇报准备； 4. 组织、指导学生实训； 5. 每组各派一名代表向同学介绍一种券商或信托产品的投资简要和注意事项。

续表

实训项目	券商与信托产品介绍和简要分析
实训报告	

第5章 金融衍生产品

学习目标
- □ 了解金融衍生品的含义和分类
- □ 了解远期外汇合约及远期利率协议的交易程序和成交原则
- □ 了解期货合约的标准条款、金融期货的特征及功能
- □ 了解利率期货、货币期货、股指期货的交易原则
- □ 了解金融期权、掉期合约的含义及分类

20世纪70年代以来，金融创新层出不穷，新金融业务、新金融产品不断推出，金融衍生产品更是如雨后春笋般不断涌现。自1990年后，我国开始逐步引入期货市场与包括商品期货、外汇期货、国债期货等一系列金融衍生产品，期货公司与交易所如雨后春笋般冒出。随着经济发展，我国对大宗商品需求越来越大，而国际大宗商品的买卖大多以期货价格为基准，大力发展我国期货市场，争夺大宗商品国际定价权对我国经济发展具有重要意义。

第一节　金融衍生产品概述

财富故事

“明星公司”的陨落

2004年11月30日，中国航油（新加坡）股份有限公司（以下简称“中航油”）石油衍生产品交易失败，因看跌石油价格而买卖金融衍生品总计亏损5.5亿美元，已严重资不抵债（公司净资产1.45亿美元），为此向新加坡最高法院申请破产保护。这是新加坡金融衍生品市场曝出的一宗特大丑闻。

曾几何时，中航油公司在国内被当做国有企业“走出去”战略的过河尖兵。在新加坡，也一度是名声最好、业绩最佳的中国上市公司，甚至还被认为是亚太地区成长最快、最有效率的公司之一，新加坡国立大学也因此将其编入MBA课程的教学案例之中。然而，转瞬之间，如此出色的公司竟折戟沉沙，面临破产清算的严重后果，而公司的5名高管更是难逃牢狱之灾。

中航油公司的这场灾难缘何而起？谁是罪魁祸首？金融衍生产品是什么？应该如何对待它呢？

（资料来源：根据网络资料整理。）

一、金融衍生产品的含义和特征

（一）金融衍生产品的含义

我们知道，一幢房屋的价格取决于作为低级的土地价格以及房屋的框架结构、建筑材料等其他要素的价格，其中影响最大的是土地价格。因为没有土地，房屋就根本不能建造，当然也就谈不上房屋的价格。但是，土地的价值却不需要以房屋是否存在为前提，没有建造过房屋的土地照样有价格、照样可以在市场上被转让。金融衍生品就像房屋，它的价值是从基础资产的市场价格变化中衍生出来的。基础资产的市场被称做“现货市场”或“即期市场”，包括实物商品（如石油、黄金、铜、小麦等）和金融资产（如外汇、银行存款、债券和挂票等有价证券），以及各种价格综合指标（如股票价格指数、市政债券指数、商品价格指数等）三个大类。很显然，如果没有基础资产，衍生品交易就不可能存在，这就如同没有土地房屋就盖不起来一样。

由此，我们可以给金融衍生产品下定义：**金融衍生产品**是与基础金融产品相对应的一个概念，**是建立在基础产品或基础变量之上，其价格随基础金融产品的价格（或数值）变动的派生金融产品**。这里说的基础产品是一个相对的概念，不仅包括现货金融产品（如债券、股票、银行定期存款单等等），也包括金融衍生工具，也就是说金融衍生品同样也可以再衍生出其他的金融衍生品。作为金融衍生工具基础的变量则包括利率、汇率、各类价格指数甚至天气（温度）指数等。简单来说，金融衍生产品是指其价值依赖于基础资产价值变动的合约。这种合约可以是标准化的，也可以是非标准化的。**标准化合约**是指其标的物（基础资产）的交易价格、交易时间、资产特征、交易方式等都是事先标准化的，因此此类合约大多在交易所上市交易，如期货；**非标准化合约**是指以上各项由交易的双方自行约定，因此具有很强的灵活性，比如远期协议。

（二）金融衍生产品的特征

1. 金融衍生产品的价格取决于原生金融工具的价格。

2. 金融衍生产品的产生以合约为基础。合约双方的权利和义务在签订合约之日起便基本确定，不需要或只需要少量初始净投资。

3. 金融衍生产品的交易过程是在现在完成，而交割却要在将来某一时刻才能履行或完成。

4. 金融衍生产品的收益具有较高的不确定性。金融衍生产品所产生的收益，来自于标的物价值的变动，即约定价格与实际价格的差额，将随着未来利率、证券价格、商品价格、汇率或相应的指数变动而变动。

5. 强有力的财务杠杆作用和高度的金融风险相对应。在运用金融衍生产品进行交易时，只需按规定交纳较低的佣金或保证金，就可从事大宗交易，投资者只需动用少量的资金便能控制大量的资源。一旦实际的变动趋势与交易者预测的相一致，即可获得丰厚的收益；但是，一旦预测有误，就可能使投资者遭受严重损失。

由此可见，金融衍生产品有规避风险、价格发现的作用，它是对冲资产风险的好方法。但是，任何事情有好的一面也有坏的一面，对有些人来说被规避了的风险同时一定是被另一些人承担了，所谓衍生产品的高杠杆性就是将巨大的风险转移给了愿意承担的人手中，这类交易者称为“投机者”，而规避风险的一方称为“套期保值者”，另外一类交易者被称为“套利者”，这三类交易者共同维护了金融衍生产品市场上述功能的发挥。

金融衍生产品交易不当将导致巨大的风险，有的甚至是灾难性的！如案例引导中的“中航油事件”。

相关资料

金融衍生品之祸

1973 年初，第二次世界大战之后建立起来的以各国货币盯住美元、美元盯住黄金为两大支柱的布雷顿森林体系彻底崩溃，国际货币体系进入了浮动汇率制时期。此后，外汇市场上汇率频繁发生剧烈波动，这为外汇投机者提供了一个博弈的大舞台，它既能在短期内使人暴富，也可使百万富翁迅速破产。

1973 年底，美国的富兰克林银行已签订的外汇交易合约的名义面额高达 38 亿美元，其中大部分是其购入的远期联邦德国马克。当时，该银行预期联邦德国马克将要升值，故有意对其进行远期外汇投机。不料事与愿违，联邦德国马克不但没有升值，反而大幅贬值。结果富兰克林银行在短短一个月之内蒙受了 4 000 万美元的外汇损失，由此引发大量存款外流。最终，在挤兑风潮的冲击下，富兰克林银行不得不宣告破产。

1974 年 6 月，联邦德国一家中等规模的银行——赫斯塔特银行也因外汇投机失败，损失了 1.6 亿美元而最终倒闭。

1993 年 2 月，日本的昭和壳牌石油公司因炒作远期外汇蒙受了 1.58 亿美元的损失。另一家日本的鹿岛石油公司也因为相同的原因损失了 1.45 亿美元。

1995 年，MCN 公司也因为进行远期外汇投机而损失了 1 000 万美元。

1998 年 8 月，瑞士信贷与第一波士顿从事的卢布对美元的远期外汇交易因尔洛斯政府冻结美元资金的外流而遭受 2.7 亿美元的损失。

二、金融衍生品的分类

尽管目前存在许许多多的金融衍生品，但是所有的衍生产品，从产品形态上来说，都是对**远期**、**期货**、**期权**和**互换**四大类基本衍生品进行变异或者是对它们进行组合。

目前以远期、期货、期权、互换等为代表的金融衍生品，已成为了能够有效管理和降低市场参与者风险的工具。

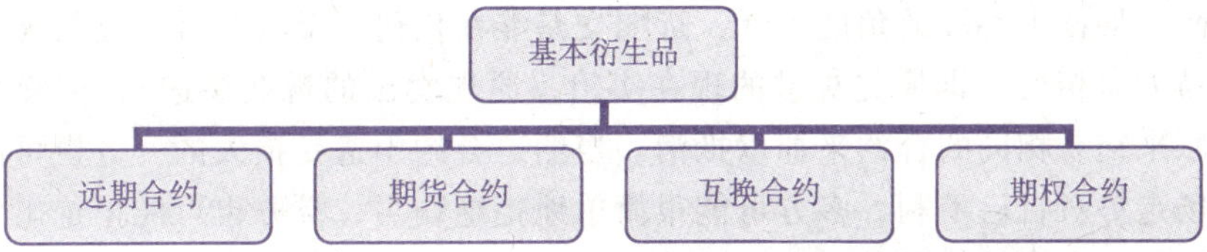

图5-1 金融衍生品种类

第二节 远期合约

对于学习金融衍生产品来说，远期合约是个非常好的起点，是所有衍生产品中最简单的一种。

远期合约，是指双方约定在未来的某一确定时间，按确定的价格买卖一定数量标的资产的合约。

这种合约规定，合约的一方有义务在未来某一确定时间以确定的价格买入标的资产，而合约的另一方有义务按约定的价格卖出标的资产。承担购买义务的一方通常被称为“多方”，承担卖出义务的一方被称为“空方”。双方约定的价格称为“交割价格”或者合同价格，交易真正履行的那一天称为“交割日”。

假如你在房产展示会上看中了一套现价50万元的新房，开发商承诺如果你现在就签下订单交纳一笔订金，你就可以在9个月之后付款取房。在这段期间，房价在市场上的涨跌都不会对你们之间达成的交易协议造成影响，9个月后你只需要付清50万元减去已交纳的订金的余款就可以了。

显然，你跟开发商订立的实际上就是一份远期合约，你支付的订金就是一项履约保证金。根据合约，你能够在9个月后按当初确定的固定价格购买并拥有这套新房。你就是这份合约中的多方，而房地产开发商则属于合约中的空方，你们约定的50万元为交割价格，9个月后你交纳房款并拥有的新房的那一天为交割日。

远期合约最大的优点在于可以降低由于未来的不确定性所带来的风险，多空双方都将价格锁定在一个不变的水平。与之相对的，是多空双方进行博弈的结果，因为，虽说远期合约在签订时没有价值，但随着时间的推移，由于远期价格与现货价格的相对关系出现变化，远期合约逐渐形成价值，或是正的，或是负的，从而在有关当事人之间形成盈亏。几乎所有远期合约不是这一方遭受损失，就是另一方遭受损失，除非交割日的现货价格与合约价格相同，可这种情况绝少出现。

从金融契约或者商业合同所具有的法律意义上讲，远期合约一旦成交就不可撤销，这是它的显著特征，合约双方需要履行义务。在交割日，不管标的资产在现货市场的价格怎么样，多方必须履行买入义务，空方必须履行卖出义务，即使有一方遭受损失也要履行合约。

但是另一方面，从技术手段的角度来看，远期交易能在任何一个营业日通过与同一交易对象签署一份交易方向相反（即原先买进的现在卖出，原先卖出的现在买进）、但交易数量与交割日期都与原来交易相同的合约来加以抵消。当然，合约中遭受损失的一方也可能会故意违约。如果市场走势对自己不利，多方可能很简单地拒绝购买，空方也可能拒绝出售。这种违约的可能性，是远期合约的另外一个显著特征。

远期合约的种类有很多，但是总的来说，主要有远期外汇合约、远期利率协议和远期股票合约。

一、远期外汇合约

远期外汇合约，是指在外汇买卖成交时并不发生现金流动，双方只是将交易的各项条件（如交易币种、金额、汇率和交割结算日期等）以合约的形式确定下来，而有关货币的实际交割则在预约的交割日进行。远期外汇合约适用的汇率称为“远期汇率”，这是在外汇交易成交时就确定的、将来履行有关货币交割时所执行的兑换比率。

例如：位于美国的马丁公司同意1年后从韩国的生产商那里买入10万块电路板，价格是24韩元/块。在签订合约的时候，美元兑换韩元的汇率是1:1 200。以当前的汇率计算，交割价格为240万韩元，相当于2 000美元。如果在这一年的合同期内，美元兑韩元的汇率下跌，那么以美元表示的合约金额会上升。

为了将电路板合同的金额锁定在2 000美元，马丁公司与一家银行订立了一份远期外汇合约，该合约规定马丁公司1年后以2 000美元买入240万韩元。1年以后，美元兑换韩元的汇率下跌至1:1 000，那么，240万韩元的现货市场价格就升到2 400美元。但由于马丁公司通过执行远期外汇合约依然可以用2 000美元买入240万韩元，从而可以支付电路板的采购费用。

从这个例子可以看到，外汇汇率是以一种货币表示的另外一种货币的价格，所以汇率其实就是一种价格。远期外汇合约可以避免外汇风险、固定外汇成本，减少汇率所面临的不确定性。通常，对外贸易结算、海外投资、外汇借贷或还贷都会涉及外汇保值的问题。通过与银行做远期外汇交易，客户可事先将进口的本币成本固定，或者锁定出口的本币收益，从而达到保值的目的，企业因此能集中时间和精力搞好主营业务。值得一提的是，通过远期外汇买卖，进口商或出口商可以锁定汇率，从而避免了汇率朝不利方向变动可能带来的损失；但与此同时，如果汇率向有利方向变动，那么，远期外汇合约也会使当事人丧失其原有的赢利机会。

在一些发达的西方国家，远期外汇交易相当活跃，可用来实现投机的目的。由于远期外汇交易在成交时，不需要像即期外汇投机一样必须持有本币或外币资金会受到资金量的限制，远期外汇交易成交时无需付现，存入银行的少量保证金在合约有效期内也不发生现金流动。这类交易一般都是到期轧抵，计算盈亏，支付差额。所以，即使没有巨额资金作本，亦可以进行大规模的外汇投机。这也决定了远期外汇投机交易具有比较大的风险性。

在我国，远期外汇买卖交易是在人民币远期结汇和售汇业务的框架下进行的，客户申请办理远期外汇买卖业务必须有合法的进出口贸易或其他保值背景，并提供能证明其贸易或保值背景的相关经济合同（如进出口贸易合同、标书、海外工程承包合同等）。换言之，中国的远期外汇交易只能用于保值，不能用来投机。

二、远期利率协议

货币市场上的远期交易采用的是远期利率协议的形式。远期利率协议是由伦敦的银行于1983年最先引入的一种关于利率的远期合约，即由买卖双方（客户与银行或两个银行同业之间）商定在将来某一日期开始的某一期限的协议利率，并同时规定合约的参考利率、名义面额、期限及支付频率等交易条件。到了协议利率生效之日，双方进行现金清算，如果参考利率与协议利率不同，则必须由一方向另一方支付一定的差额，作为补偿。这一差额是根据参考利率与协议利率的实际偏差情况，以及合约所规定的期限和本金计算，并经过贴现而得到，即一方支付、另一方接受两个利率之差乘以名义面额，再根据协议利率的期限以及市场参考利率加以贴现后的金额。

远期利率协议交易具有以下几个特点：一是具有极大的灵活性。作为一种场外交易工具，远期利率协议的合同条款可以根据客户的要求“量身订做”，以满足个性化需求；二是并不进行资金的实际借贷，尽管名义本金可能很大，但由于只是对以名义本金计算的利息的差额进行支付，因此实际结算量可能很小；三是在结算日前不必事先支付任何费用，只在结算日发生一次利息差额的支付。

在这种协议下，交易双方约定从将来某一确定的日期开始在某一特定的时期内借贷一笔利率固定、数额确定，以具体货币表示的名义本金。

远期利率协议的买方是指通过远期利率协议来规避利率上升风险的交易者，也就是说如果市场利率上升的话，他按协议上确定的利率支付利息，就避免了利率风险；但若市场利率下跌的话，他仍然必须按协议利率支付利息，就会受到损失。

远期利率协议的卖方则是指通过远期利率协议来规避利率下跌风险的交易者，他按照协议确定的利率收取利息，显然，若市场利率下跌，他将受益；若市场利率上升，他则受损。我们可以从下面的例子去进一步了解远期利率协议的作用：

例如，某公司计划在3个月后筹集总额为1 000万美元、期限为6个月的资金。公司决策人员预测，3个月内利率将有较大幅度的上升，因此，该公司买进一份协议利率为8%的、适当期限的远期利率协议，以便将3个月后起息的借款利率锁定于8%这一可接受的水平。与此同时，某银行准备在3个月后贷出一笔总额为1 000万美元、期限为6个月的资金，但它担心3个月内利率会下跌，因此，它就卖出一份协议利率为8%的、适当期限的远期利率协议，以便将3个月后起息的贷款利率锁定于8%这一可接受的水平。如果上述公司与银行达成交易，那么，无论在未来3个月内利率上升还是下跌，公司实际支付的利率与银行实际收取的利率都将固定在8%这一水平。这是因为，若市场利率高于8%。则银行将对公司支付利差；反之，公司将对银行支付利差。

由此可见，通过远期利率协议，公司与银行都可以有效地避免利率风险可能造成的损失，当然，它们也将因此放弃本来可能获得的意外收益。

第三节 金融期货

一、期货与金融期货

金融期货是期货的一个类别，要明确地认识金融期货，首先必须认识期货交易及其基本特征。从理论上说，所谓“期货交易”，是指交易双方在集中性的市场以公开竞价的期货合约为交易对象的一种交易方式。而“期货合约”则是指由期货交易所统一制订的、规定在将来某一特定的时间和地点交割一定数量和质量实物商品或金融商品的标准化合约。

期货合约的标准化条款一般包括：

1. 交易数量和单位条款。每种商品的期货合约规定了统一的、标准化的数量和数量单位，统称“交易单位”。

2. 质量和等级条款。商品期货合约规定了统一的、标准化的质量等级，一般采用被国际上普遍认可的商品质量等级标准。

3. 交割地点条款。期货合约为期货交易的实物交割指定了标准化的、统一的实物商品的交割仓库，以保证实物交割的正常进行。

4. 交割期条款。商品期货合约对进行实物交割的月份作了规定，一般规定几个交割月份，由交易者自行选择。

5. 最小变动价位条款。指期货交易时买卖双方报价所允许的最小变动幅度，每次报价时价格的变动必须是这个最小变动价位的整数倍。

6. 每口价格最大波动幅度限制条款。指交易日期货合约的成交价格不能高于或低于该合约上一交易日结算价的一定幅度。达到该幅度则暂停该合约的交易。

7. 最后交易日条款。指期货合约停止买卖的最后截止日期。每种期货合约都有一定的月份限制，到了合约月份的一定日期，就要停止合约的买卖，准备进行实物交割。

除此之外，期货合约还包括交割方式、违约及违约处罚等条款。

案例：

期 货 合 约

Royal 公司购买大量小麦加工面粉，预计 6 个月后需要购买 5 万蒲式耳小麦，他们想把价格锁定在当前水平。

Royal 公司在明尼阿波利斯谷物交易所买入 10 份小麦期货合约，交割价格是 3 美元每蒲式耳。每一份期货合约保证 Royal 公司可以在 6 个月以后以每蒲式耳 3 美元的价格买入 5 000 蒲式耳小麦。现在 Royal 公司预计在 6 个月以后购买这些小麦总共需要支付 15 万美元。

6个月以后，小麦的市场价格每蒲式耳上涨了50美分，现在的价格是每蒲式耳3.5美元。Royal公司最初以每蒲式耳3美元的价格购买的5万蒲式耳小麦期货，总价值上升了2.5万美元。

Royal公司从固定的小麦供应商那里以每蒲式耳3.5美元的价格买入了5万蒲式耳小麦，总共支付17.5万美元。在现货市场支付的17.5万美元扣除从期货中获得的2.5万美元利润，相当于还是支付了15万美元。

而所谓金融期货，是指以金融工具作为标的物的期货合约。金融期货交易是指交易者在特定的交易所通过公开竞价方式成交，承诺在未来特定日期或期间内，以事先约定的价格买入或卖出特定数量的某种金融商品的交易方式。金融期货交易具有期货交易的一般特征，但与商品期货相比，其合约标的物不是实物商品，而是金融商品，如外汇、债券、股票指数等。

二、金融期货的特征和功能

（一）金融期货的特征

金融期货交易作为买卖标准化金融商品期货合约的活动，是在高度组织化的，有严格规则的金融期货交易所进行的。金融期货交易的基本特征可概括如下：

第一，交易的标的物是金融商品。这种交易对象大多是无形的、虚拟化了的证券，它不包括实际存在的实物商品。

第二，金融期货是标准化合约的交易。作为交易对象的金融商品，其收益率和数量都具有同质性、不交性和标准性，如货币币别、交易金额、清算日期、交易时间等都作了标准化规定，唯一不确定是成交价格。

第三，金融期货交易采取公开竞价方式决定买卖价格。它不仅可以形成高效率的交易市场，而且透明度、可信度高。

第四，金融期货交易实行会员制度。非会员要参与金融期货的交易必须通过会员代理，由于直接交易限于会员之间，而会员同时又是结算会员，缴纳保证金，因而交易的信用风险较小，安全保障程度较高。

第五，交割期限的规格化。金融期货合约的交割期限大多是三个月、六个月、九个月或十二个月，最长的是两年，交割期限内的交割时间随交易对象而定。

（二）金融期货的功能

金融期货的特征使得成功运作的金融期货市场具有多方面的经济功能，其中最基本的功能是规避风险和发现价格。

第一，规避风险。投资者通过购买相关的金融期货合约，在金融期货市场上建立与其现货市场相反的头寸，并根据市场的不同情况采取在期货合约到期前对冲平仓或到期履约交割的方式，实现规避风险的目的。

从整个金融期货市场看，其规避风险功能之所以能够实现，主要有三个原因：

1. 众多的实物金融商品持有者面临着不同的风险，可以通过达成对各自有利的交易来控制市场的总体风险。例如，进口商担心外汇汇率上升，而出口商担心外汇汇率下跌，他们通过进行反向的外汇期货交易，即可实现风险的对冲。

2. 金融商品的期货价格与现货价格一般呈同方向的变动关系。投资者在金融期货市场建立了与金融现货市场相反的头寸之后，金融商品的价格发生变动时，则必然在一个市场获利，而在另一个市场受损，其盈亏可全部或部分抵消，从而达到规避风险的目的。

3. 金融期货市场通过规范化的场内交易，集中了众多愿意承担风险而获利的投机者。他们通过频繁、迅速的买卖对冲，转移了实物金融商品持有者的价格风险，从而使金融期货市场的规避风险功能得以实现。

第二，发现价格。金融期货市场的发现价格功能，是指金融期货市场能够提供各种金融商品的有效价格信息。

在金融期货市场上，各种金融期货合约都有着众多的买者和卖者。他们通过类似于拍卖的方式来确定交易价格。这种情况接近于完全竞争市场，能够在相当程度上反映出投资者对金融商品价格走势的预期和金融商品的供求状况。因此，某一金融期货合约的成交价格，可以综合地反映金融市场各种因素对合约标的商品的影响程度，有公开、透明的特征。

由于现代电子通讯技术的发展，主要金融期货品种的价格，一般都能够即时播发至全球各地。因此，金融期货市场上所形成的价格不仅对该市场的各类投资者产生了直接的指引作用，也为金融期货市场以外的其他相关市场提供了有用的参考信息。各相关市场的职业投资者、实物金融商品持有者通过参考金融期货市场的成交价格，可以形成对金融商品价格的合理预期，进而有计划地安排投资决策和生产经营决策，从而有助于减少信息搜寻成本，提高交易效率，实现公平合理、机会均等的竞争。

影响金融期货的因素主要有：国家经济增长情况，货币供应量，通货膨胀率，国际收支差额，国家货币、财政、外汇政策，国际储备，心理因素等。我们在分析具体某一品种金融期货发展趋势时，应结合上述情况灵活判断。

三、金融期货的种类

根据标的物的基本性质，金融期货可分为如下四个大类：一是货币期货；二是利率期货；三是股价指数期货；四是股票期货。其中，前三类是金融期货中最主要的，存在时间相对较长，因此，以下我们主要介绍这三大类金融期货。

（一）货币期货

货币期货又称“外汇期货”，它是以各种可兑换货币作为标的物的标准化期货合约的交易方式，用来回避汇率风险。它的推出是衍生产品发展的划时代重大事件，标志着金融期货的诞生。对从事国际贸易、国际信贷和国际投资活动的进出口商人、银行家及投资者而言，货币期货是对汇率风险管理的一个低成本的、有效率的工具，能方便地获得套期保值的方法，达到防范外汇市场价格风险的目的。同时，货币期货交易的推出也为货币投机商承担风险、获取盈利提供了机会。

（二）利率期货

1. 利率期货的概念。利率期货是为了满足人们管理利率风险，消除未来投融资过程中不确定性的需要而发展起来的。**利率期货是指以债券类证券为标的物的期货合约，它可以规避银行利率波动所引起的证券价格变动的风险。**利率期货是金融期货中发展得最迅速，成交量也最大的一个类别。利率期货的推出为对市场预测进行“博弈”提供了又一理想工具。

2. 利率期货的分类。通常，按照期货合约标的的期限，利率期货可分为短期利率期货和长期利率期货两大类。短期利率期货是指期货合约标的物的期限不超过一年的利率期货；长期利率期货则是指期货合约标的物的期限超过一年的利率期货。其中，最常见的短期利率期货主要有欧洲美元期货及国库券期货，而最常见的长期利率期货则主要有各种期限的中、长期国债期货。

近年来，由于各国的中长期利率波动频繁和有价证券市场价格涨跌剧烈，因此，套期保值者和投机者对各类利率期货都有着强烈的交易动机。

相关链接

利率期货发展历程

利率期货合约最早于1975年10月由芝加哥期货交易所推出，在此之后利率期货交易得到迅速发展。虽然利率期货的产生较之外汇期货晚了三年多，但其发展速度却比外汇期货快得多，其应用范围也远较外汇期货广泛。目前，在期货交易比较发达的国家和地区，利率期货都早已超过农产品期货而成为成交量最大的一个类别。在美国，利率期货的成交量甚至已占到整个期货交易总量的一半以上。

1975年10月，芝加哥期货交易所推出了政府国民抵押贷款协会（GNMA）抵押凭证期货合约，标志着利率期货这一新的金融期货类别的诞生。在利率期货发展历程上具有里程碑意义的一个重要事件是，1977年8月22日，美国长期国库券期货合约在芝加哥期货交易所上市。这一合约获得了空前的成功，成为世界上交易量最大的一个合约。继美国推出国债期货之后，其他国家和地区也纷纷以其本国的长期公债为标的，推出各自的长期国债期货。其中，比较成功的有英国、法国、德国、日本等。

同时，由于在利率变动时，短期国库券价格的变动幅度要大于信用等级较低的其他短期债务工具，不利于投资者对其债市投资组合实现高效的套期保值。于是人们又不断创新出新的短期利率期货。其中相对重要的有1981年7月由国际货币市场、芝加哥期货交易所及纽约期货交易所同时推出的美国国内可转让定期存单期货交易，但由于实际交割的定期存单往往由信用等级最低的银行所发行，给投资者带来了诸多不便。欧洲美元定期存款期货的产生，则有效地解决了这一问题。该品种的期货交易实行现金结算的方式并取得成功，在整个金融期货的发展史上具有划时代的意义。它不仅直接促进了欧洲美元定期存款期货的发展，并且为利率期货的推出铺平了道路。

3. 利率期货的特点。

（1）利率期货价格与实际利率成反方向变动，即利率越高，债券期货价格越低；利率越低，债券期货价格越高。

（2）利率期货的交割方法特殊。利率期货主要采取现金交割方式，有时也有现券交割。现金交割是以银行现有利率为转换系数来确定期货合约的交割价格。

（三）股票价格指数期货

证券市场是市场经济体系的重要组成部分，它的平稳运行和有序发展对于实现资本资源的最佳配置、促进国民经济的快速发展至关重要。证券市场的波动通常是通过有关证券的价格指数升降来反映的，特别是股票市场的行情波动，更有宏观经济运行的“晴雨表”之称。

股票市场上上市公司数量众多，各种股票的价格变动频繁。为了能综合地反映股票市场的总体价格水平及其变化情况，必须有一个统一的衡量指标，这便是股票价格指数。各国的股票市场都有自己的股票价格指数。有些国家不同的股票市场有不同的股价指数，甚至在同一个股票市场会同时编制不同的股价指数以适应不同需要的情况。

股票价格指数期货，简称“股指期货”，是以股票价格指数作为交易标的物的标准化期货合约的交易方式。股指期货能规避股市的系统性风险和转移个股价格波动风险，并具有较强的杠杆效应。由于作为标的物的股价指数并没有实物的存在形式，无法用于交割，因此在最后结算时，这种现货系以现金结算代替实物交割。

如今，全世界各主要股票市场的价格指数几乎都已成为期货交易的对象或基础标的物，在国际资本市场上，股指期货是资产管理业务中应用最为广泛的风险管理工具。一般而言，分散投资可以有效化解市场的非系统性风险。对于系统性风险而言，则需要进行风险对冲，而股指期货就是非常好的对冲工具。

相关链接

股指期货在我国

20世纪90年代初，股指期货在我国内地也曾有过短暂的尝试，但仅维持了6个月便夭折了。当时，股指期货之所以失败，既有主观原因，也有客观原因。主观原因是当时人们对股指期货这一新生事物还缺乏应有的认识，而客观原因是当时我国实际上并不具备推出股指期货的条件。

2010年2月20日，中国证监会正式批复中国金融期货交易所沪深300股指期货合约和业务规则，我国股指期货市场的主要制度已全部发布。同日，证监会公布自2010年2月22日9时起，正式接受投资者开户申请，沪深300股指期货合约自2010年4月16日起正式上市交易。

沪深300股指期货合约标准

合约标的	沪深300指数
合约乘数	每点300元
报价单位	指数点
最小变动价位	0.2点
合约月份	当月、下月及随后两个季月
交易时间	上午：9：15－11：30，下午：13：00－15：15
最后交易日交易时间	上午：9：15－11：30，下午：13：00－15：00
每日价格最大波动限制	上一个交易日结算价的±10%
最低交易保证金	合约价值的15%
最后交易日	合约到期月份的第三个周五，遇国家法定假日顺延
交割日期	同最后交易日
交割方式	现金交割
交易代码	IF
上市交易所	中国金融期货交易所

股指期货开户条件：

1. 保证金账户可用余额不低于50万元；

2. 具备股指期货基础知识，通过相关测试（评分不低于80分）；

3. 具有至少10个交易日、20笔以上的股指仿真交易记录，或者是最近三年内具有10笔以上商品期货交易成交记录（两者是或者关系，满足其一即可）；

4. 综合评估表评分不低于70分；

5. 不存在严重不良诚信记录，不存在法律、行政法规、规章和交易所业务规则禁止或者限制从事股指期货交易的情形。

第四节 期权合约

一、金融期权概述

（一）金融期权的定义

金融期权是以期权为基础的金融衍生产品。**金融期权是赋予其购买者在规定期限内按双方约定的价格**（简称协议价格）**或执行价格购买或出售一定数量某种金融资产**（如股票、外币、短期和长期国库券以及外币期货合约、股票指数期货合约等）**的权利的合约**。由此可见，期权合约赋予其持有者的是一种权利，而没有任何义务。我们可以从下面的例子进一步地了解。

葛丽是一个投资者，她喜欢在业余时间交易股票和期权。她认为当前以每股60美元交易的ZED公司的股票价值被低估了，预计接下来的几个月股票价格会上涨。

葛丽没有直接购买ZED公司的股票，而是购买了期限为6个月的ZED看涨期权，行权价为60美元。在这6个月的期限内，葛丽有权在任何时刻以60美元每股的价格买入ZED公司的股票，且不承担任何义务。

6个月以后，ZED公司的股票价格上涨到了62美元每股。葛丽行使了自己的期权，以60美元的行权价格买入ZED公司的股票，实现了每股2美元的收益。

金融期权交易的开展有助于创造性地解决现实经济生活中所碰到的各种财务或金融问题，能够及时地识别市场上存在的不确定性，充分地利用交易者所掌握的信息和所具有的能力来发现价值、创造价值，从而使各类经济主体（保值者、投机者、套利者）能更有效地适应瞬息万变的市场环境。

（二）金融期权的分类

场内交易的金融期权主要包括股票期权、利率期权和外汇期权。

1. 股票期权。与股票期货分类相似，股票期权包括股票期权和股指期权。股票期权是在单个股票基础上衍生出来的选择权；股指期权主要分为两种，一种是股指期货衍生出来的股指期货期权，例如新加坡交易所交易的日经225指数期权，是从新加坡交易所交易的日经225指数期货衍生出来的；另一种是从股票指数衍生出来的现货期权，例如大阪证券交易所日经225指数期权，是日经225指数衍生出来的。两种股指期权的执行结果是不一样的，前者执行得到的是一张期货合约，而后者则进行现金差价结算。

2. 利率期权。是指买方在支付了期权费后即取得在合约有效期内或到期时以一定的利率（价格）买入或卖出一定面额的利率工具的权利。利率期权合约通常以政府短期、中期、长期债券，欧洲美元债券，大面额可转让存单等利率工具为标的物。利率期权是一项规避短期利率风险的有效工具。借款人通过买入一项利率期权，可以在利率水平向不利方向变化时得到保护，而在利率水平向有利方向变化时得益。利率期权有多种形式，常见的主要有利率上限、利率下限、利率上下限。

假设某A公司现有金额为500万美元、期限为6个月、以LIBOR计息的浮动债务。那么从公司的角度出发，既希望在市场利率降低的时候能够享受到低利率的好处，又想避免市场利率上涨时利息成本增加的风险。这个时候企业就可以选择与银行进行利率期权交易，向银行买入6个月、协定利率为6%的利率上限期权。如果6个月之后，LIBOR利率上升到了7%（大于原来的合约利率），那么A公司就会选择行使该期权，那么作为期权卖方的银行就应当向其支付市场利率和协议利率的差价5万美元［500×（7%－6%）］，作为期权合约的买方，A公司由于判断正确有效地固定了其债务成本。

如果LIBOR的走势出现了下跌，低于6%的话，那么A公司就可以选择放弃执行该期权，而以较低的市场利率支付债务利息，其损失掉的仅仅是一笔期权费。

在实际的操作过程中，企业可以根据实际需求，制定期权交易的金额、期限、到期日、行使价等。买方付出期权费，控制风险，增加了赢利机会；卖方收取期权费，降低了成本。

3. 外汇期权也称为“货币期权”，指合约购买方在向出售方支付一定期权费后，所获得的在未来约定日期或一定时间内，按照规定汇率买进或者卖出一定数量外汇资产的选择权。相对于股票期权、指数期权等其他种类的期权来说，外汇期权买卖的是外汇，即期权买方在向期权卖方支付相应期权费后获得一项权利，即期权买方在支付一定数额的期权费后，有权在约定的到期日按照双方事先约定的协定汇率和金额同期权卖方买卖约定的货币，同时权利的买方也有权不执行上述买卖合约。

二、金融期权与金融期货的区别

1. 标的物不同。一般地说，凡可进行期货交易的金融商品都可进行期权交易。然而，可作期权交易的金融商品却未必可作期货交易。在实践中，只有金融期货期权，而没有金融期权期货，即只有以金融期货合约为标的物的金融期权交易，而没有以金融期权合约为标的的物的金融期货交易。一般而言，金融期权的标的物多于金融期货的标的物。

2. 投资者权利与义务的对称性不同。金融期货交易的双方权利与义务对称，即对任何一方而言，都既有要求对方履约的权利，又有自己对对方履约的义务。而金融期权交易双方的权利与义务存在着明显的不对称性，期权的买方只有权利而没有义务，而期权的卖方只有义务而没有权利。

3. 履约保证不同。金融期货交易双方均需开立保证金账户，并按规定缴纳履约保证金。而在金融期权交易中，只有期权出售者，尤其是无担保期权的出售者才需开立保证金账户，并按规定缴纳保证金，以保证其履约的义务。至于期权购买者，因期权合约未规定其义务，其无需开立保证金账户，也就无需缴纳任何保证金。

4. 现金流转不同。金融期货交易双方在成交时不发生现金收付关系，但在成交后，由于实行逐日结算制度，交易双方将因价格的变动而发生现金流转，即赢利一方的保证金账户余额将增加，而亏损一方的保证金账户余额将减少。当亏损方保证金账户余额低于规定的维持保证金时，他必须按规定及时缴纳追加保证金。因此，金融期货交易双方都必须保有一定的流动性较高的资产，以备不时之需。

而在金融期权交易中，在成交时，期权购买者为取得期权合约所赋予的权利，必须向期权出售者支付一定的期权费；但在成交后，除了到期履约外，交易双方均不发生任何现金流转。

5. 赢亏的特点不同。金融期货交易双方都无权违约也无权要求提前交割或推迟交割，而只能在到期前的任一时间通过反向交易实现对冲或到期进行实物交割。而在对冲或到期交割前，价格的变动必然使其中一方赢利而另一方亏损，其赢利或亏损的程度决定于价格变动的幅度。因此，从理论上说，金融期货交易中双方潜在的赢利和亏损都是无限的。

相反，在金融期权交易中，由于期权购买者与出售者在权利和义务上的不对称性，他们在交易中的赢利和亏损也具有不对称性。从理论上说，期权购买者在交易中的潜在亏损是有限的，仅限于所支付的期权费，而可能取得的赢利却是无限的；相反，期权出售者在交易中所取得的赢利是有限的，仅限于所收取的期权费，而可能遭受的损失却是无限的。当然，在现实的期权交易中，由于成交的期权合约事实上很少被执行，因此，期权出售者未必总是处于不利地位。

6. 套期保值的作用与效果不同。金融期权与金融期货都是人们常用的套期保值的工具，但它们的作用与效果是不同的。

- 人们利用金融期货进行套期保值，在避免价格不利变动造成的损失的同时也必须放弃若价格有利变动可能获得的利益。
- 人们利用金融期权进行套期保值，若价格发生不利变动，套期保值者可通过执行期权来避免损失；若价格发生有利变动，套期保值者又可通过放弃期权来保护利益。这样，通过金融期权交易，既可避免价格不利变动造成的损失，又可在相当程度上保住价格有利变动而带来的利益。

但是，这并不是说金融期权比金融期货更为有利。这是由于如从保值角度来说，金融期货通常比金融期权更为有效，也更为便宜，而且要在金融期权交易中真正做到既保值又获利，事实上也并非易事。

所以，金融期权与金融期货可谓各有所长，各有所短，在现实的交易活动中，人们往往将两者结合起来，通过一定的组合或搭配来实现某一特定目标。

第五节 掉期合约

一、掉期合约的定义

掉期合约是一种由交易双方签订的在未来某一时期相互交换某种资产的合约。更为准确地说，掉期合约是当事人之间签订的在未来某一期间内相互交换他们认为具有相等经济价值的现金流（Cash Flow）的合约。

在国际金融市场一体化潮流的背景下，掉期交易作为一种灵活、有效的避险和资产负债综合管理的衍生工具，越来越受到国际金融界的重视，用途日益广泛，交易量急速增加。近年来，这种交易形式已逐步扩展到商品、股票等汇率、利率以外的领域。由于掉期合约内容复杂，多采取由交易双方一对一进行直接交易的形式，缺少活跃的二级市场和交易的公开性，具有较大的信用风险和市场风险。因此，从事掉期交易者多为实力雄厚、风险控制能力强的国际性金融机构，掉期交易市场基本上是银行同业市场。国际清算银行（BIS）和掉期交易商的国际性自律组织国际掉期交易商协会（ISDA），近年来先后制定了一系列指引和准则来规范掉期交易，其风险管理越来越受到交易者和监管者的重视。

二、掉期合约的分类

较为常见的掉期合约是利率掉期合约和货币掉期合约。掉期合约中规定的交换货币是同种货币，则为利率掉期；是异种货币，则为货币掉期。

掉期合约交换的具体对象可以是不同种类的货币、债券，也可以是不同种类的利率、汇率、价格指数等。一般情况下，它是交易双方（有时也有两个以上的交易者参加同一笔互换合约的情况）根据市场行情，约定支付率（汇率、利率等），以确定的本金额为依据相互为对方进行支付。

1. 利率掉期合约。是互换双方交换一系列现金流的合约，不交换名义本金，双方按合约规定，一方定期向另一方支付名义本金的固定利息，而后者则定期向前者支付名义本金的浮动利息。

2. 货币掉期合约。是指两笔金额相同、期限相同、计算利率方法相同，但货币不同的债务资金之间的调换，同时也进行不同利息额的货币调换的协议。

某银行在买进客户 6 个月期的 100 万远期美元后，为避免风险，轧平头寸，必须再卖出等量及交割日期相同的远期英镑。但在银行同业市场上，直接出售单独的远期外汇比较困难。因此，银行就采用这样一种做法：先在即期市场上出售 100 万即期美元，然后再做一笔相反的掉期买卖，即买进 100 万即期美元，并卖出 100 万远期美元，期限也为 6 个月。结果，即期美元一买一卖相互抵消，银行实际上只卖出了一笔 6 个月期的远期美元，轧平了与客户交易出现的美元超买。

掉期交易的目的包括两个方面，一是轧平外汇头寸，避免汇率变动引发的风险；二是利用不同交割期限汇率的差异，通过贱买贵卖，牟取利润。掉期合约、期货合约和期权合约不同的是，掉期合约一般都是非标准化的，因此不能像期货合约和期权合约那样上市交易。

知识训练

1. 期权合约收益计算：7月1日，某投资者以100点的权利金买入一张9月份到期，执行价格为10 200点的恒生指数看跌期权，同时，他又以120点的权利金卖出一张9月份到期，执行价格为10 000点的恒生指数看跌期权。请计算该投资者的最大可能盈利（不考虑其他费用）是多少点？

提示：期权的投资收益来自于两部分：权利金收盈和期权履约收益。

2. ABC公司在伦敦市场上购入一远期利率协议。协议规定名义本金为1亿美元，协议利率为3.5%，参考利率为LIBOR。协议起息日为××年1月1日，到期日为××年7月1日。又知这两天的参考利率为：

	1月1日	7月1日
LIBOR	3.75%	3.45%

请问：ABC公司是获得利差还是支付利差？

技能训练

实训项目	次贷危机中的金融衍生品及其作用分析
实训任务	1. 要求学生收集次贷危机中的重大金融事件； 2. 查询次贷危机中涉及的金融衍生品； 3. 简要分析这些金融衍生品的作用机理。
实训目的	提高学生对金融衍生品的感性认识；锻炼学生分析问题的逻辑思维。
条件要求	无。
资料准备	1. 次贷危机的简要介绍资料； 2. 简要提示危机中可能涉及的一些金融衍生品。
考核要求	完成无纸化实训报告，做好PPT汇报材料。
实训过程提示	1. 说明本次实训的任务与目标； 2. 提示学生需要收集的主要资料及收集途径； 3. 对学生进行分组，要求每组指定一名同学以PPT的形式做好上讲台汇报准备； 4. 组织、指导学生实训； 5. 每组各派一名代表对本组所作工作作总结，并向全体同学介绍本次危机重大金融事件中涉及的金融机构概况。

续表

实训项目	次贷危机中的金融衍生品及其作用分析
实训报告	

第6章 保险产品

学习目标
- □ 了解保险业务的种类和保险合同的主要条款
- □ 掌握家庭保险投保原则及简单投保规划
- □ 了解保险理财产品的主要种类

财富故事

不幸中的万幸

2008 年春的雪灾给中国经济造成重大损失。根据民政部的数据，截至 2008 年 2 月 12 日，低温雨雪冰冻灾害已造成 1 111 亿元人民币直接经济损失。

湖南是生猪生产大省，不少生猪养殖户因为雪灾损失惨重，无力恢复生产。刘爱平的爱平种猪场也在此次雪灾中遭受损失。爱平种猪场是湖南省现代化的大型民营养殖场，每年繁殖后备母猪 5 000 多头，出栏生猪 3 万多头。由于雪灾导致连续多日停电，空调保温设备失灵，造成能繁母猪冻死 33 头，乳猪冻死 2 200 多头，损失数百万元。

当初刘爱平为其种猪场向永州市中华保险中心支公司投保了母猪保险。损失发生后，保险公司迅速为其损失办理了理赔。

俗话说“天有不测风云，人有旦夕祸福。”人们在日常生活中，经常会遇到一些难以预料的事故和自然灾害。意外事故和自然灾害都具有不确定性，一旦发生可能会给人们造成巨大的损失，因此，人们采用各种方法去应对风险。保险就是人们常用的一种方法。

第一节 保险概述

保险是保险人通过收取保险费的形式建立保险基金，用于补偿因自然灾害或意外事故所造成的经济损失，或在人身保险事故发生时给付保险金的一种经济补偿制度。它是一种社会化安排，是面临风险的人们通过保险人组织保险基金、集中承担风险，从而使个人风险得以转移和分散。当被保险人发生损失，则可以从保险基金中获得补偿。换句话说，一人损失，大家分摊。可见，保险本质上是一种互助行为。

一、保险业务种类

随着社会和保险业本身的不断发展，保险业务种类不断增多，业务内容不断丰富。大体来说，保险可以根据不同的分类标准划分为不同的种类，图 6－1 是保险的具体种类。

保险种类
- 按保险标的划分：财产保险、人身保险
- 按实施方式划分：自愿保险、强制保险
- 按经营目的划分：商业保险、社会保险
- 按保障主体划分：个人保险、团体保险
- 按风险转嫁形式划分：原保险、再保险、重复保险、共同保险

图 6－1 保险种类

（资料来源：维基百科 http：//zh. wikipedia. org. ）

相关链接

保险业务体系

非寿险	财产保险（财产损失保险）	火灾保险	团体火灾保险
			家庭财产保险
		运输工具保险	机动车辆保险
			船舶保险
			航空保险
		货物运输保险	
		工程保险	建筑安装工程保险
			科技工程保险
	农业保险	种植业保险	农作物保险
			林木保险
		养殖业保险	禽畜保险
			水产养殖保险

续表

非寿险	责任保险	公众责任保险	场所责任保险
			承包人责任保险
			承运人责任保险
		产品责任保险	—
		雇主责任保险	—
		职业责任保险	—
	信用保证保险	信用保险	—
		保证保险	—
非寿险与人寿保险交叉业务	短期人身保险	人身意外伤害保险	—
		短期健康保险	—
人寿保险	风险保障型人寿保险	定期死亡寿险	—
		终身死亡寿险	—
		两全保险	—
		年金保险	—
	投资理财型人寿保险	分红保险	—
		投资连结保险	—
		万能人寿保险	—
	健康保险	长期健康保险	—
再保险	—	—	—

二、保险合同

保险活动是通过保险合同来实现的，在保险合同中，双方当事人围绕危险损失补偿关系，确立了双方的权利义务。投保人按照合同规定向保险公司缴纳一定数量的保险费，保险公司则按照合同规定对被保险人提供保险保障。因此，保险所体现的经济保障功能，是通过保险合同来体现的。按照我国法律规定，保险合同必须采用书面的形式。

在保险合同中，主要涉及的主体如图 6－2 所示。

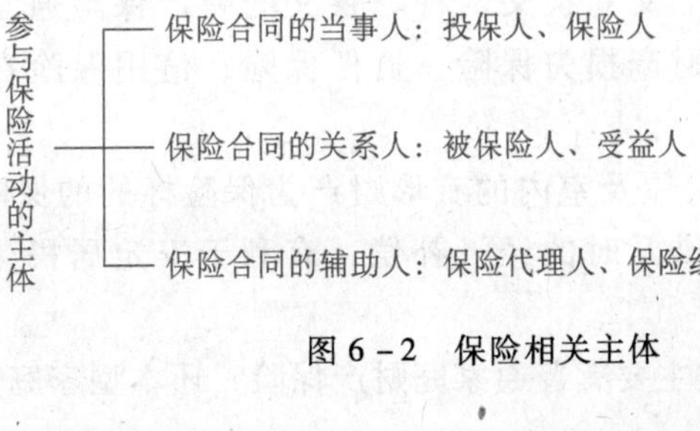

图 6－2　保险相关主体

在我国，保险人的形式是保险公司，包括国有独资公司、股份有限公司及其他形式，自然人不得从事保险人的业务。保险业务实行分业经营，按业务种类划分，保险公司可以分为财产保险公司和人身（人寿）保险公司。保险合同的条款一般由保险人来提供，内容如图6－3所示。

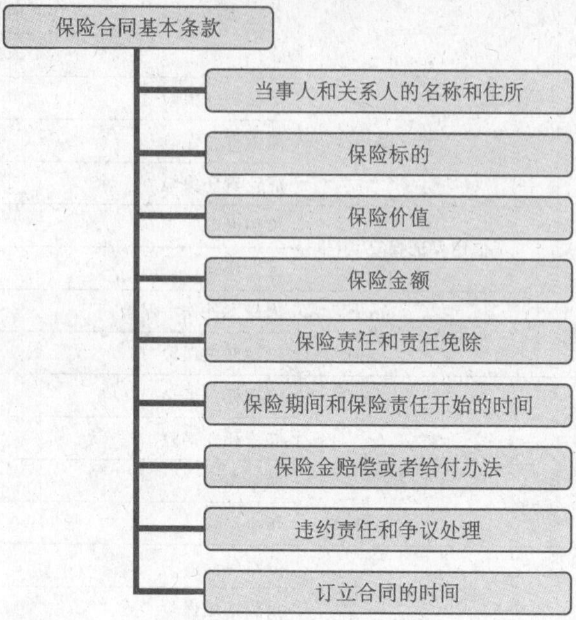

图6－3 保险合同基本条款

三、人身保险

人身保险是以人的寿命和身体为保险标的的保险。当人们遭受不幸事故或因疾病、年老以致丧失工作能力、伤残、死亡或年老退休时，根据保险合同的约定，保险人对被保险人或受益人给付保险金或年金，以解决其因病、残、老、死所造成的经济困难。

人身保险可以按不同的分类标准划分为不同的种类，根据保障范围或者产品功能进行划分是常见的分类方法（见图6－4）。

四、家庭财产保险

家庭财产保险是财产保险的一种。财产保险是以各种财产及其相关利益为保险标的的保险。财产保险的概念可以分为广义和狭义两种。狭义的财产保险通常指各种财产损失保险；广义的财产保险包括各种财产损失保险、责任保险、信用保险在内的一切非人身保险业务。

家庭财产保险是以城乡居民房屋及室内的有形财产为保险标的的保险。家庭财产保险为居民或家庭遭受的财产损失提供及时的经济补偿，有利于安定居民生活，保障社会稳定。

目前我国家庭财产保险的种类主要有普通家庭财产保险，还本型家庭财产保险和投资理财型家庭财产保险。

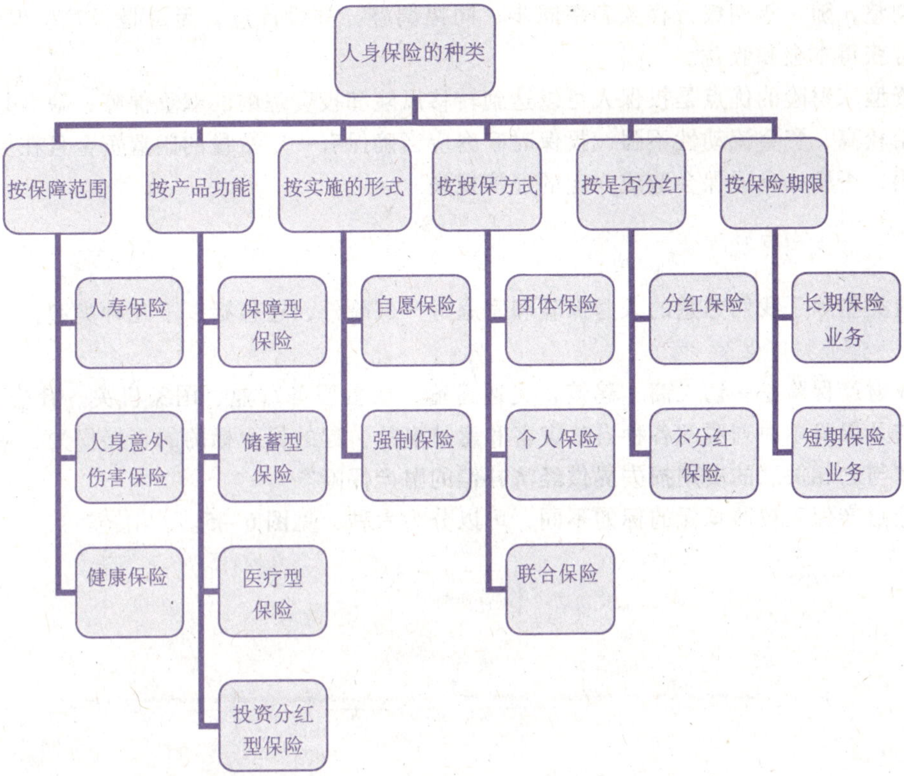

图 6－4 人身保险产品种类

（一）普通家庭财产保险

普通家庭财产保险是采取缴纳保险费的方式，保险期限为一年，从保险人签发保单零时起，到保险期满 24 小时止。没有特殊原因，中途不得退保。保险期满后，所缴纳的保险费不退还，继续保险需要重新办理保险手续。

（二）还本型家庭财产保险

还本型家庭财产保险又称为“家庭财产两全保险”，具有灾害补偿和储蓄的双重性质。投保时，投保人缴纳固定的保险储金，储金的利息转作保费，保险期满时，无论在保险期内是否发生赔付，保险储金均返还投保人，这样家庭财产和保险储金即获得两全。家庭财产两全保险的赔付情况与普通家庭财产保险不同。第一，在一个年度内赔款数额没有达到保险金额，本年度保险公司仍然承担余下保额的保险责任。第二，在同一保险年度内，不论一次或多次出险，只要保险公司累计赔付达到保险金额，该保险年度的保险责任即告终止。

长效还本家庭财产保险是普遍家庭财产保险和家庭财产两全保险相结合的产物。投保该类保险时，保户缴给保险公司的保费作为“储蓄金”，当保险期满时，只要不申请退保，上一期的“储金”可以作为下一期的“储金”，保险责任继续有效，如此一直延续下去，直到发生保险事故或者保户要求退保为止。

（三）投资型家庭财产保险

该类型产品是在还本型家庭财产保险基础上发展起来的新型保险产品，不仅有保障型家财险的保障功能，而且还兼顾投资的功效。投保此类险种除拥有相应的保障责任外，如遇银行利率调整，随一年期银行存款利率同步、同幅调整，分段计息，无论是否发生保险赔偿，期满均可获得本金和收益。

投资型家财险的优点是投保人可以达到转移风险和投资理财的双重保障；缺点是一次性缴纳费用较高，资金流动性不强，投保时家庭应当确保有一定数量的闲置资金且在保险期限内不急用，否则一旦退保会造成一定的经济损失。

五、其他类型保险

保险类型除了我们熟悉的人身保险和家庭财产保险外，还包括以下几种类型：

（一）企业财产保险

企业财产保险是一切工商、建筑、交通运输、饮食服务行业、国家机关、社会团体等，对因火灾及保险单中列明的各种自然灾害和意外事故引起的保险标的的直接损失、从属或后果损失和与之相关联的费用损失提供经济补偿的财产保险。

企业财产保险按照承保的标的不同，可以分为六种，见图6-5。

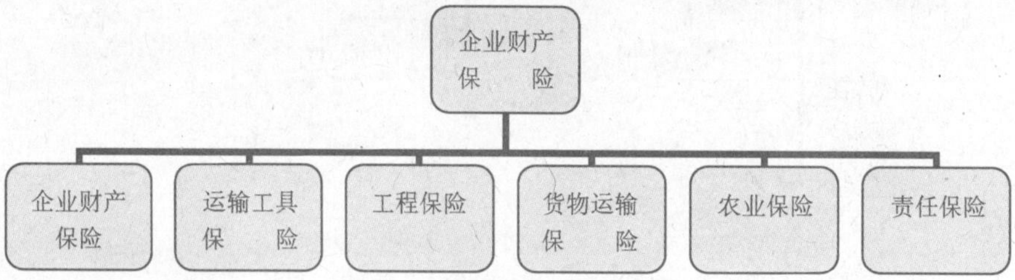

图6-5　企业财产保险种类

（二）运输工具保险

运输工具保险是以运输工具本身为保险标的的保险。运输工具保险的种类主要包括机动车辆保险、船舶保险、飞机（航空）保险。其中，机动车辆保险是与个人和企业的生产生活关系最密切，也是我们最常见的运输工具保险。

运输工具保险的保险金赔付责任通常由三部分构成：运输工具本身的损失、第三者责任和施救费用。具体的险种包括基本险和附加险（见表6-1）。

表6-1

保险种类	保险范围	基本险	保险责任	附加险
机动车辆保险	各种类型的汽车，但也包括电车、电瓶车等专用车辆及摩托车等	•车辆损失保险 •第三者责任保险	•碰撞责任 •非碰撞责任 •合理的施救和保护费用	•车辆损失险的附加险包括车辆全损代步费用险、附加自燃损失险、附加新增加设备损失险、附加玻璃单独破碎险、附加全车盗抢险、附加车辆停驶损失险 •第三者责任险附加险包括保险事故善后处理费用险、附加车上责任险、附加车载货物掉落责任险、附加无过失责任险

续表

保险种类	保险范围	基本险	保险责任	附加险
船舶保险	各种类型船舶	• 全损险 • 一切险	• 船舶损失 • 第三者责任 • 共同海损和救助 • 施救费用	• 船舶战争 • 罢工险
飞机保险	飞机	• 机身险 • 第三者责任险 • 旅客的法定责任险 • 货物责任险	• 飞机损失 • 第三者责任 • 旅客的人身伤亡和财产损失 • 承运货物的损失	• 承运货物责任险 • 战争、劫持险

（三）货物运输保险的基本概念和险种

货物运输保险指保险人承保货物运输过程中自然灾害和意外事故引起的财产损失。险种主要有国内货物运输保险、国内航空运输保险、涉外（海、陆、空）货物运输保险、邮包保险、各种附加险和特约保险。

货物运输保险一般实行“仓至仓”责任，自被保险货物运离保险单位所载明的起运地仓库或储存处开始运输时生效，直至该项货物到达保险单所载明的目的地收货人的最后仓库。

（四）工程保险

工程保险是指以各种工程项目为主要承保对象的一种财产保险。工程保险的主要险种包括：建筑工程保险、安装工程保险、科技工程保险。工程保险承保工地范围内财产在保险期限内因自然灾害或意外事故造成的物质损失，以及工程的意外事故引起的邻近区域内其他人的伤亡和财产损失。

• 建筑工程保险是承保以土木建筑为主体的民用、工业用和公共事业用的工程在整个建筑期间因自然灾害和意外事故造成的物质损失，以及被保险人对第三者依法应承担的赔偿责任为保险标的的险种。

• 安装工程保险，简称安工险，是建筑工程保险的姐妹险种。它专门承保新建、扩建和改建的工矿企业的机器设备或钢结构建筑物在整个安装、调试期间，由于责任免除以外的一切危险造成保险财产的物质损失，以及上述损失所产生的有关费用及安装期造成的第三者财产损失或人身伤亡而依法应被保险人承担的经济责任。

• 科技工程保险是以各种重大科技工程或科技产业为保险标的的综合性财产保险，它是随着现代高科技、新技术的发展和广泛应用而逐渐发展起来的一种特殊工程保险业务。科技工程保险主要分为海洋石油开发保险、航天工程保险、核能工程保险和其他科技工程保险等四大类。

六、个人及家庭投保策略

（一）投保流程

个人及家庭保险投保流程如图 6－6 所示。

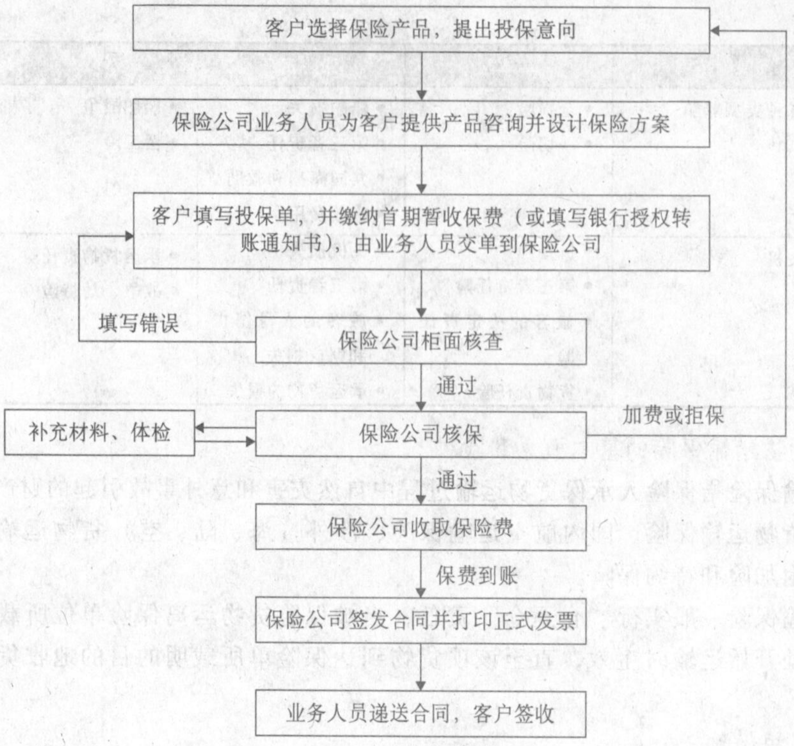

图 6－6　投保流程

（二）投保原则

1. 父母（大人）优先，经济支柱优先。人们通常认为父母是大人，有能力保护自己，孩子没有保护力，因此应该给孩子上个保险。但这种想法却忽略了最重要的一点：父母是孩子的保险！一旦父母出了意外，家庭收入锐减，孩子可能就因此失去健康成长所必须的物质支持，这是孩子最大的风险。所以购买保险时先给大人购买充足的寿险，即使大人发生意外，也可以给孩子留下充足的物质保障。

同理，家庭的经济支柱也是最应该购买保险的人。道理很明显，既然是家庭收入的主要来源者，是家庭的经济支柱，一旦发生风险对家庭的打击最大，所以作为家庭的经济支柱其实是最需要保护的。当这个经济支柱发生意外或者重大疾病的风险时，家庭的主要收入来源就会中断，就会降低生活品质甚至导致家庭经济崩溃。

2. 选择保险品种时，先买意外险、健康险。人生三大风险：意外、疾病和养老，最难预知和控制的就是意外和疾病，而保险的保障意义，在很大程度上就体现在这两类保险上。因此购买保险先从意外、健康险做起，有了这些最基本的保障，再去考虑其他的险种。

3. 年轻者以保障类为主，而年长者以储蓄类为主。

• 年轻人收入不高且不稳定，储蓄少，风险承受能力强；社会活动多，爱运动、爱挑战、爱刺激，可以购买意外险、医疗险、定期寿险获得基本的保障。对一些年轻人而言，由于消费意愿较强，也可以买一些分红型的养老险，作为强制性的储蓄。

• 年长者的风险承受能力弱，需要面临的风险比较多，例如失业、养老、医疗等，可以考虑购买具有储蓄功能的保险。

相关链接

完美人生的七张保单

25岁：

第一张保单——意外险保单

第二张保单——大病医疗保单

30岁：

第三张保单——养老保险

第四张保单——为财富提供保障的人寿保单

第五、六张：子女的教育及意外、医疗保单（教育保单）

50岁以后：

第七张保单——追加的养老金保险或万能寿险

（三）人身投保规划

人身保险产品种类繁多，不同产品在保障功能上存在差异。投保人要根据自己的需要和承担能力选择保险产品。不同群体的投保人的保障需要不同（见表6-2）。

表6-2

投保人群体	已有保障水平	经济承受能力	保障需求	建议的保险类型	保险产品
工薪阶层，农村居民	较低或没有	收入较低，承担能力弱	基本	保障型、医疗型	定期寿险、重大疾病保险、住院医疗保险
国企职工，公务员	较高	收入稳定，有一定的承担能力	较多	储蓄型、理财型	养老保险、投资分红保险
企业高管，商人，自由职业者	部分参加社保	收入高但不稳定、承担能力强	较全面	医疗型、储蓄型、理财型	医疗保险、重大疾病保险、养老保险、万能保险

（四）投保家庭财产保险的误区

误区一：投保金额并非越大越好。

有的人认为既然家庭财产保险是为家庭财产提供保障，这种保障当然是越大越好，因此购买家庭财产保险时为家庭财产保险购买较大的金额。

保险合同订立后，由于保险财产的市价下跌，以致保险事故发生时保额大于保险价值的，赔偿额只能按保险事故发生时的实际价值计算，超过部分的保额无效，连保费也不会退还。所以说，家财险保额并非越大越好，如果一味求大，可能最终导致多缴了保费又得不到实质的保障。

张先生在年初投保家财险时在投保单上告知自家的1台冰箱价值4 000元（购买时的价格），在今年夏天的闪电中因漏电损失。保险公司在理赔调查后得知，目前同类冰箱已经降价到3 200元，因此张先生最后只能得到3 200元现金赔偿。

误区二：重复投保并不会获得更多保障。

有的人认为向多家保险公司投保要比只向一家保险公司投保可以获得更多保障，实际情况是不是这样呢？根据我国《保险法》规定，对于同一期间在多家公司投保的“重复保险”，除合同另有约定外，各保险公司只需要按照比例承担的方式分摊赔偿责任，投保者获得的赔付总数不能超过构成有效索赔的损失总额。因此，从投保人的角度来说，当然可以购买多份保单，但总保险金额超过保险财产的实际价值部分是无效的，只是白白缴纳保费而已。

刘先生8月在A公司投保了家财险，保额5万元。在投保3个月后，林先生单位又在B公司投保了4万元保额的家财险，保险期限均为一年。

一个月前，刘先生家发生火灾，导致部分财产损毁，有效的时索赔金额为9 000元。由于保险事故在两个保险都有效的时期内发生，刘先生分别向两个保险公司提出索赔，两个公司予以受理并进行赔付。刘先生本以为两个公司会分别向他赔付9 000元，这样他获得的赔偿将是18 000元。但不料两个公司对赔款采用了比例分摊法，A公司承担了9 000元有效索赔额中的5/9，即5 000元，B公司承担了9 000元中的4/9，即4 000元，总和仍为9 000元，刘先生并没有获得额外的补偿。

第二节 保险理财产品

财富故事

保险理财产品“不保险”

市民曾先生2005年2月在银行办理定期存款手续时，接受银行柜员的推销，将原用于定期存款的5万元，购买了一份中国人寿的“国寿鸿丰两全保险分红型”产品。购买之后，曾先生觉得心里很踏实，因为想着该款产品兼具投资和保障的功能。可是，计划不如变化快，2006年底至2007年初，中国股票市场、基金市场开始呈现单边高速上涨趋势，股民、基民财富迅速增长，在财富效应的吸引下，曾先生决定退保转投股市。可曾先生办理退保手续时才知道，提前退保不仅当年利息没有，甚至还要损失2 000元本金，这可让曾先生为难了。

保险理财产品主要是指具有投资功能的投资型保险产品，目前市场上常见的投资型保险产品主要有分红型保险产品、万能型保险产品、投资连结型保险产品、准基金型保险产品。

一、分红型保险产品

（一）分红型保险产品的含义

分红型保险产品是指保险公司将可分配盈余按照一定比例以现金红利或增值红利的形式分配给保单持有人的一种人寿保险。

分红型保险集保障、养老、理财等诸多功能于一身，已逐渐成为目前保险市场上的新宠。保险也理财，理财更保险的观念已深入人心。

分红型保险的红利主要来自于死差益、利差益和费差益所产生的可分配盈余。由于分红保险具备生命保障的功能，保险公司在设计这类产品的时候，往往会估计以后各年这些被保险人的死亡率。假如实际的死亡率低于原预定的死亡率，这时保险公司就可以把多提取的保费以红利的形式返还给客户，这就是死差益。利差益是指保险公司实际投资收益高于预期的投资收益所产生的盈余。同样，当保险公司实际的费用率低于原先预定的费用率时，保险公司少支出的费用也会以红利的形式返还给客户，这就是费差益。

（二）分红型保险的红利分配方式

分红型保险的红利分配方式有美式和英式之分。

- 美式即现金红利法，每个会计年度结束后，寿险公司首先根据当年度的业务盈余，由公司董事会考虑指定精算师的意见后决定当年度的可分配盈余，各保单之间按它们对总盈余的贡献大小决定保单红利。保单之间的红利分配随产品、投保年龄、性别和保单年限的不同而不同，反映了保单持有人对分红账户的贡献比率。一般情况下，寿险公司不会把分红账户每年产生的盈余全部作为可分配盈余，而是会根据经营状况，在保证未来红利基本平稳的条件下进行分配。未被分配的盈余留存公司，用以平滑未来红利、支付末期红利或作为股东的权益。现金红利法下盈余分配的贡献原则体现了红利分配在不同保单持有人之间的公平性原则。

- 英式即增额红利法，是以增加保单现有保额的形式分配红利，保单持有人只有在发生保险事故、期满或退保时才能真正拿到所分配的红利。增额红利由定期增额红利、特殊增额红利和末期红利三部分组成。定期增额红利每年采用单利法、复利法或双利率法将红利以一定的比例增加保险金额；特殊增额红利只在一些特殊情况下如政府税收政策的变动时将红利一次性地增加保险金额；末期红利一般为已分配红利或总保险金额的一定比例，将部分保单期间内产生的盈余递延至保单期末进行分配，减少了保单期间内红利来源的不确定性，使每年的红利水平趋于平稳。

由于分红型保险的红利来源较复杂，很多时候保险公司给投保人的红利被看做是保费的返还，而不是投资收益，因此购买分红保险所获得的红利是不用缴纳所得税的。一些投资者正是看中了分红保险的这一特点，在自己有钱的时候大量买进，以达到保值增值的作用。

例如，2005 年 9 月，泰康人寿保险公司推出了一款全新储蓄保障两全分红保险——“泰康永利两全保险（分红型）”。该产品是一个涵盖储蓄、保障、投资和理财功能、固定保障期间的两全型分红保险，自由选择的 5 种保险期间和 8 种缴费方式，使该产品极具灵活性，可满足客户的多样需求。这款稳健型的家庭理财型保险在泰康某分公司一上市就受到了人们的高度关注，短短两个月的时间，就有上千人购买了永利两全保险。

“泰康永利两全保险（分红型）”之所以大受欢迎，一是由于它重在风险保障功能，兼具投资理财功能。既能满足储蓄、养老需求，又注重保障需求，具备保证本金返还，储蓄性强，收益高等优点。二是它作为主险进入了在泰康人寿享有盛名、极受市场青睐的“爱家之约”家庭保障计划，使客户真正体会到家庭理财的全面化、便利化，具有一人买主险全家附险任意选，附险缴费期不随主险期限限制的特点，还可以根据投保人不同时期的需求进行保单升降级，从而实现了一张保单保全家的周到服务。

（三）投资分红型保险需要考虑的因素

第一，保险公司的经营水平。分红保险的红利来自于保险公司的总盈余，所以公司的总体收益情况对该种分红产品的分红状况至关重要。购买分红保险是以保险公司的实力为基础的，购买时可以从当前及以往市场状况考察公司的经营绩效。

第二，保险公司的分配体系。保险公司的可分配盈余一般作为年度红利的分配基础，而总盈余中的剩余部分即未分配盈余的处理又因公司的不同而有所不同。目前市场上的各种分红产品一般都只有年度红利分配，而有的保险公司的分红产品不仅有年度红利，还将公司的未分配盈余拿出来，以终了红利、抚恤金的形式在保单满期、客户退保、被保险人身故时支付给被保险人或受益人。

第三，利率的高低。低利率时代，更是要选择分红型保险。增加了分红功能后，在一定程度上可以抵御通货膨胀和利率变动。尤其是在低利率时代，购买分红险可以抵御未来市场利率上升造成的投资收益损失。简单来说，在低利率环境下，保险公司预设的投资回报率也比较低，而且不会随意改动。如果未来利率上升，纯保障型产品得到的仍然是较低回报率。而如果产品附加了分红功能，那么利率上升后，公司赢利能力和分红水平随之提高，保户可以通过分红享受到这部分收益。

第四，投资分红保险要做好长期投资的准备。分红保险有短期的，也有长期的。短期的如5年期的，长期的可达10年以上，甚至终身。到底哪种分红保险最值得购买呢？很多人知道出卖脑力、体力去挣钱，知道通过投资去挣钱，却不知道金钱的时间价值。金钱的时间价值是指经过一段时间，以一定的利率复利计息后的价值，如果复利的时间越长，则利率越高，金钱的时间价值也就越高。目前能够将红利按复利计息的恐怕只有分红保险一种。因此，应该尽量购买长期的分红保险，不仅享有保险保障，而且保险期限越长，复利的时间越长，则获得的实际回报率越高。

二、万能型保险产品

（一）万能型保险产品的含义

万能险是指包含保险保障功能并设立有保底收益投资账户的寿险产品，其全称是万能型储蓄类寿险产品，是可以任意支付保险费以及任意调整死亡保险金给付金额的人寿保险。也就是说，除了支付某一个最低金额的第一期保险费以后，投保人可以在任何时间支付任何金额的保险费，并且任意提高或者降低死亡给付金额，只要保单积存的现金价值足够支付以后各期的成本和费用就可以了。而且，万能保险现金价值的计算有一个最低的保证利率，保证了最低的收益率。

由此可见，万能险具有缴费灵活、收费透明等特点。投保人缴纳首期保费后，可不定期、不定额地缴纳保费，同时保险公司向投保人明示所收取的各项费用。除了缴费灵活性高之外，被保险人的保额也可调整，账户资金可在合同约定的条件下灵活支取。此外，万能险还为投资账户提供最低收益保证，并且可以与保险公司分享最低保证收益以上的投资回报。

万能险的保障额度设计一般有三种：

1. 保险费 + 投资账户价值；
2. 保险费与账户价值 × 系数后取值大者；
3. 保险费或账户价值之一 × 系数。

由于保障额度的设计不同，就形成了不同类型的产品。

（二）万能型保险产品的类型

• 重保障型：保险金额高，前期扣费高，投资账户资金少，前期退保损失大。如中英人寿的“金菠萝B款”，保额为保费的50倍，同时首期扣费高达65%，适合无其他风险保障但有一定投资风险承受意识和能力的中青年人，但要确保长期持有。

• 重投资型：保险金额低，首期扣费少，投资账户资金较多，退保损失小。如ING太平洋安泰的“财富人生”，保额最高可达500万元，首期扣费仅5%，但因为采用自然费率，年轻人的风险保费很低，既可以做高保障，也可以起到代替储蓄的保值作用。再如新华人寿的“得意理财”，保额为保单价值的110%，首期扣费仅为7.5%。适合通过其他保险产品保障风险的理财保守型人士。

太平洋人寿“金丰利（B）两全保险（万能型）”

一、产品特色

1. 保底保证，收益无限。设最低保证利率（目前为2.5%），同时分享资本市场投资收益，上不封顶。

2. 月月复利，日日生息。每月公布结算利率，账户价值复利增值，每天计息，使投保人的利益最大化。

3. 持续奖金，稳定增值。保单持有满5年和满10年，分别奖励保单账户价值的1%，使账户稳定增值。

4. 高额保障，超值关爱。特设高额的意外身故及交通工具意外身故额外保险金给付，提供超值关爱。

5. 资金领取，自由方便。急需资金时，可申请部分领取保单账户里的资金；也可申请保单质押贷款。

6. 年金转换，养老无忧。合同生效满5年，投保人可选择将合同转换为本公司届时提供的年金保险产品。

二、保障责任

在合同有效期内，本保险提供以下保险保障：

1. 满期生存保障。给付期满时保单账户价值，同时注销保单账户，合同终止。

2. 身故保障：

（1）身故保险金。若被保险人身故，本公司按基本保险金额给付“身故保险金”，同时注销保单账户，合同终止。

（2）意外身故额外保险金。若被保险人因遭受意外伤害导致身故，本公司在按上述约定给付“身故保险金”的同时，还将按基本保险金额给付“意外身故额外保险金”。

但若被保险人身故时，基本保险金额大于额外给付限额的，“意外身故额外保险金”按额外给付限额给付。本公司在给付保险金后，注销保单账户，合同终止。

（3）交通工具意外身故额外保险金。若被保险人因交通工具意外事故导致身故，本公司在按上述约定给付“身故保险金”和“意外身故额外保险金”的同时，还将按基本保险金额给付“交通工具意外身故额外保险金”。

但若被保险人身故时，基本保险金额大于额外给付限额的，“交通工具意外身故额外保险金”按额外给付限额给付。本公司在给付保险金后，注销账户，合同终止。

注：“额外给付限额”是“意外身故额外保险金”和“交通工具意外身故额外保险金”的给付上限，具体金额在投保人投保时根据本公司的规定确定。

投保案例：

张先生，40岁，某企业部门主管。在理财专家的建议下，他选择了一款风险和收益较为平衡的理财产品——太平洋寿险的“金丰利B”：有保证收益，每月结算收益，可随时领取保单账户价值，还有高额的意外身故和交通工具意外身故保障。张先生选择他本人为被保险人，一次性缴费10万元。

在张先生没有部分领取和申请年金转换的情况下，保单账户价值演示如下表所示：

保单账户价值			年龄	保单年度
低	中	高	40	1
96 993.01	98 890.34	100 312.43	41	2
99 056.14	102 973.53	105 956.52	42	3
101 169.92	107 230.63	111 925.10	43	4
103 338.77	111 682.24	118 255.67	44	5
106 605.08	117 472.82	126 180.67	45	6
108 889.6	122 346.57	133 311.99	46	7
111 225.68	127 427.6	140 853.3	47	8
113 622.16	132 740.71	148 851.91	48	9
116 065.04	138 263.79	157 286.65	49	10
119 748.67	145 461.99	167 868.39	54	15
133 259.16	178 495.2	221 345.96	59	20
148 375.53	219 207.61	292 126.37	64	25
165 267.39	269 325.39	385 699.78	69	30
184 190.98	331 119.51	509 568.62		

注：

1. 上表所列相关数据均以假设的结算利率进行计算，低、中、高三档结算利率假设分别为保证利率、4.5%、6%，保证利率假设为2.5%。结算利率假设仅为方便说明、理解，并非保单确定值，实际结算利率可能高于或低于该假设。
2. 保单账户价值为保单年度末的值，已包含持续奖金。
3. 保单账户价值已经扣除了初始费用、保单管理费和风险保障费用。

（资料来源：根据太平洋人寿网站资料整理。）

（三）万能型保险产品的投资策略

结合张先生的投保示例，我们可以总结投资万能险的一些策略：

第一，明确缴费比例，选择适合自己的产品。万能寿险的保险费包括附加保险费、危险保费和储蓄保费三部分，其中，附加保险费指纯保费支出，主要包括保单管理费等产品运营成本；危险保费是保障保费，即真正意义上的保险费；而储蓄保费是用于投资的金额。三者的比例在保单上有明确的规定，而对具体产品的选择取决于个人的风险偏好程度。如果购买万能寿险产品，就必须了解自己属于哪一类型的投资者。对于风险规避性很强的人，就应该选择保障费占比较多的万能寿险产品；风险中性的投资者则可以选择同类产品中储蓄保费与保障保费比例适当的类型；而对于那些风险偏好的投资者而言，万能寿险可能并不是适合他们的投资工具，股票期货这类高风险、高收益的理财产品才是合适的选择。

第二，注意比较缴费方式。保险费缴费方式一般包括趸缴和期缴，如果财力充裕，可以考虑选择趸缴方式（即一次缴清保险费）。这是因为，在分期缴费的名义下，保险公司会考虑后续期缴费的时间价值和利率风险，必然增加以后的缴费额度，增加投资成本。

第三，注意收益的领取方式。从目前保险公司推出的万能寿险产品看，受益领取方式主要包括一次领取、年金领取、到期可转换为养老保险等。收入不充裕、资金需求不稳定的投资者往往选择一次领取，比较适合年轻人，因为资金支出不频繁，但一般额度大，比如买车、买房等，选择一次领取，既最大化享受到了寿险的投资收益，又可以满足支出需求。年金领取比较适合中年投资者，他们的收支比较稳定且可预期，因此在保单期满时，可以将受益转化成孩子的教育基金，每年领取固定金额，而剩余款项则可以转换成对医疗费用的追加等。老年人常常选择转化为养老保险的方式，可以保障其养老投资两不误。

但值得注意的是，万能险的保底收益仅指投资账户，所缴保费扣除初始费后的剩余才进入投资账户，特别在投保前 5 年扣除初始费比较高，所以万能险更适合于追求资金安全且资产长期收益稳健的人士。

三、投资连结保险

（一）投资连结保险的含义

投资连结保险是指包含保险保障功能并至少在一个投资账户拥有一定资产价值的人身保险。

投资连结保险除了同传统寿险一样给予保户生命保障外，还可以让客户直接参与由保险公司管理的投资活动，将保单的价值与保险公司的投资业绩联系起来。大部分缴费用来购买由保险公司设立的投资账户单位，由投资专家负责账户内资金的调动和投资决策，将保户的资金投入在各种投资工具上。“投资账户”中的资产价值将随着保险公司实际投资收益情况发生变动，所以客户在享受专家理财好处的同时，一般也将面临一定的投资风险。

投资连结保险是一种融保险与投资功能于一身的新险种，设有保证收益账户、发展账户和基金账户等多个账户。每个账户的投资组合不同，收益率就不同，投资风险也不同。由于投资账户不承诺投资回报，保险公司在收取资产管理费后，将所有的投资收益和投资损失交由客户承担。该险种充分利用专家理财（行内有人称之为“请专家为自己打工”）的优势，客户在获得高收益的同时也承担投资损失的风险。因此投资连结保险适合于具有理性的投资理念、追求资产高收益同时又具有较高风险承受能力的投保人。

（二）投资连结型保险的特征

第一，透明性。投资连结型保险保单在操作上的透明度很高，保单所有人可以看清楚每期的保单资金在投资、死亡率费用、附加费用上的具体分配情况，也可以看清保费、风险保额、净风险保额、现金价值等保单要素的运作过程。透明性有利于减少保险公司与消费者之间的信息不对称，从而有助于提升消费者对保单的信心。透明性还有利于一个公正、公平、公开的保险市场的形成，增加“市场之手”的力量。这是因为，消费者获得了知情权以后，就能够对不同保险产品进行比较。

第二，灵活性（弹性）。投资连结型保险保单保费可以灵活支付，保险金额可以灵活调整，投资账户也可以灵活转换，一张保单就可以灵活适应消费者未来多样化且不确定的理财需求。

只要保单的账户价值足以支付按月扣缴的死亡率费用与附加费用，保单就继续生效。相比之下，传统保单的生效有赖于按时缴纳事先预定的保费。

第三，消费者主导性。在支付了初期最低保费之后，保单所有人可以按其需要在任意时间支付任意数量的保费，甚至可以暂停保费支付，只要保单的现金价值足够支付保险成本与附加费用。并且，只要理由正当，保单所有人可以自由地提高（在提供可保证明以后）或降低保额，他们也可以选择切换不同的基金账户。

第四，综合性的动态理财工具。投资连结型保险为保单所有人提供了多种投资选择，消费者可以广泛地介入货币市场基金、普通股票基金、指数基金、债券基金等等，并把相当一部分的保费专门用于投资。所以，投资连结型保险可以满足消费者保障理财、储蓄理财与投资理财三种需求，消费者可以按照自己的需要，把保费在风险保障账户、货币市场账户、资本市场账户之间灵活配置，既可以做成“保障为主、投资为辅”，也可以做成“投资为主、保障为辅”，甚至“储蓄为主，保障为辅”等等。

信诚运筹慧选投资连结保险

产品特色：

1. 保障投资，一举两得。终身的生命保障结合投资理财方案满足您对保障和投资的双重需要。

2. 身故全残，尽显关爱。为您提供终身的生命保障、至75岁的永久完全残疾保障，让您享有全方位的关爱。

3. 灵活搭配，周全保障。您可以按需要灵活选择附加意外伤害、意外医疗、重大疾病、残疾扶助、豁免保险费等多重保障，组成周全合意的综合保障计划。

4. 保额保费，按需调整。您可根据所处的人生阶段和财务状况自主灵活地对保障额度和投资金额进行调整。

5. 7个账户，随心投资 。我们精心设计了从保守型到进取型、特征各异的7个投资账户，账户之丰富为业内翘楚，相信总有一个账户能满足您不同人生阶段的投资目标和投资收益需要。

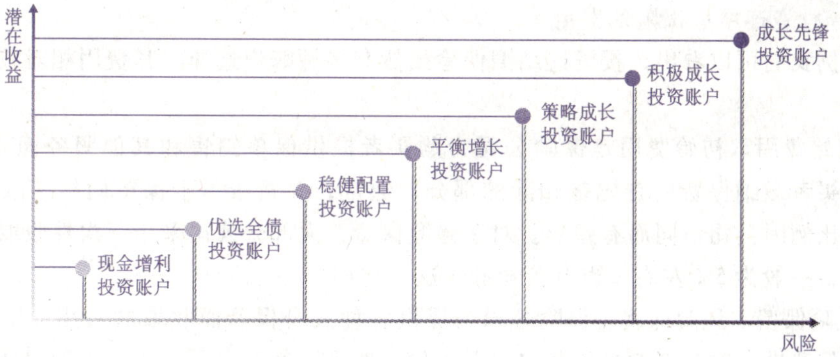

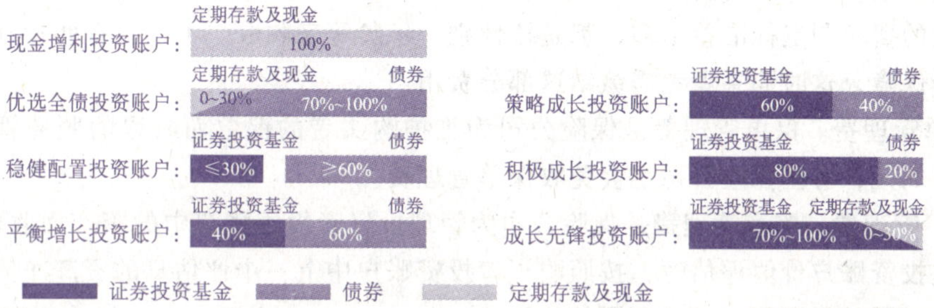

6. 提取转换，零手续费。您可以自主掌握您的投资账户，随时决定卖出您的部分投资单位，零手续费。提取的资金可以用作孩子教育或度假等用途，满足您的不时之需。您还可以根据您的投资目标和市场变化，随时、免费进行账户转换。

7. 资金积累，随心选择。您可以额外选择期缴或一次性缴费方式进行追加投资，分散风险之余还能够减少您的投资成本，让您的资金不断累积。

8. 期缴投资，聚沙成塔。长期投资是积累财富的最重要原则，定期缴付保险费的方式使您养成良好的理财习惯，还可以平均成本和分散风险，长期定额投资，让您的财富积少成多。

9. 专家管理，信心保证。信诚的两大股东中国中信集团和英国保诚集团都在金融界享有盛誉，凭借信诚强大的股东投资实力，专业的投资团队，以及英国保诚集团三十多年经营管理投资连结保险的经验，让您安享专业机构理财的优势。

10. 运作公开，一目了然。

保单账户值 $= \sum$ 各投资账户中的投资单位数 × 对应的投资单位价格

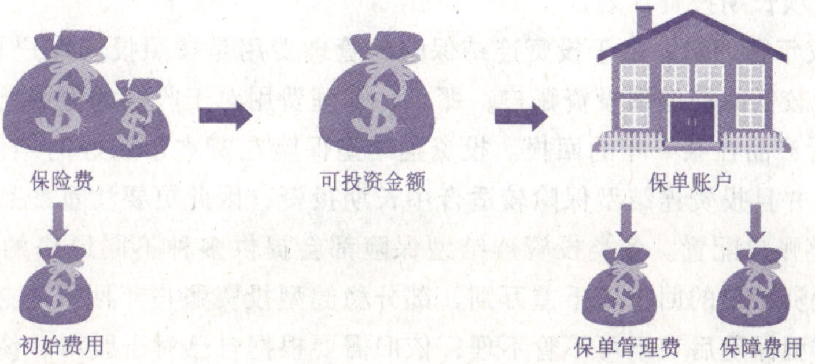

（资料来源：根据信诚人寿保险公司网站资料整理。）

（三）投资连结型保险的费用

从上例我们可以看出，投资连结型保险虽然有多种账户选择，其费用相对较复杂，主要有：

1. 初始费用。初始费用是保险公司为购买者提供保单销售和其他服务而收取的费用，即每次购买者缴纳保费后首先被扣除的部分。通常，保费按每个保单周年递减的比例来收取，收取比例因公司不同而有差异。对于趸缴保费，大部分公司采用一次性收取保费一定比例的方式，一般为5%左右，也有公司低于这个比例。

2. 风险保费。风险保费是保险公司为提供各种人身保障而收取的费用，即在扣除初始费用后，保费进入购买者的投资账户前所扣除的费用，通常一月一扣。风险保费的收费标准和传统寿险的费率制定标准差不多，都是按性别、年龄等来收取。不过，有些投资连结保险会赠送人身保障，这时购买者无需缴纳这部分费用。

3. 保单管理费。保单管理费是保险公司为维护购买者的保单而收取的服务管理费。通常大约每月5元，有些保险公司也会免收保单管理费。

4. 资产管理费。资产管理费是保险公司为管理投资者投资账户中的资产而收取的费用。通常在每次投资账户价值评估时，按照购买者投资账户中上一个评估日的资产净值的一定比例来收取。不同的投资账户对应不同的比例。

5. 账户转换费。账户转换费是购买者要进行投资账户之间的转换时所需支付的手续费。一般来说，每转换一次就要支付一笔费用。

6. 部分领取费用。投资连结保险最大的优点在于购买者可以随时领取账户中的部分现金价值，但前提是购买者必须支付一定的费用，成为部分领取费用。大多数公司按照部分领取价值的一定比例来收取这笔费用，该比例随着领取所在的保单周年的增加而递减。

7. 退保费用。退保费用是购买者在保险期限未满时就解除保险合同而支付的费用。它与部分领取费用类似，并且比例也基本相同。

（四）购买投资连结型保险产品的注意事项

1. 坚定长期投资的信念。由于投保投资连结型保险必须缴纳一笔不低的初始费用（一般为5%以上），而在退保时根据投保年限又要缴纳一定的手续费（第一年退保，扣除费用甚至高达10%）。对于期缴型投资连结保险而言，刚开始的几年初始费用甚至可以达到60%～70%，此后才逐年下降。过于高昂的进出费用决定了购买投资连结型保险除了是购买保障外，还必须是一项长期投资计划。

2. 仔细比较年管理费。由于投资连结保险的管理费用是按照投资账户总额收取，因此，若选择的是收益较低的稳健型投资账户，那么，管理费用对于收益的侵蚀尤为明显。

3. 不可只看产品在某一年的回报。投资连结型保险在资本市场好的年份回报就可能高，反之可能较低，并且投资连结型保险较适合中长期投资，因此更要注重产品的长期回报。

4. 学会调整账户配置。各类投资连结型保险都会提供多种不同风格的投资账户供投保人选择。不同投资账户的回报率千差万别，部分稳健型投资账户年回报率超过5%，投保者购买完投资连结型保险后切不可不管不理，依旧需要根据自己对于股市、债市的判断做一些账户配置上的调整。

知识训练

（有关保险赔偿条例请自行查询相关法规）

1. 李某购买了某意外险产品，保险金额30万元，在保险期间，因车祸致残，左耳听觉机能永久完全丧失，左腿比原来缩短10公分。请计算保险公司应赔付多少残疾赔款（一耳听觉机能永久完全丧失的给付比例为20%，一下肢永久性缩短5公分以上的的给付比例为30%）？

2. 张某为其新买的轿车购买机动车辆保险，该车新车价格为30万元，保险金额为30万元，假如在保险期间发生交通事故，导致车辆部分损坏，发生修理费用5 000元，张某对交通事故负全责（即事故责任比例为100%），请计算保险公司应为张某的车辆损失所支付的赔款金额。

技能训练

1. 向保险公司咨询，了解常见的人身保险和家庭财产保险产品。

2. 根据自己家庭的情况和了解到的保险产品，为自己家庭设计一个保险方案。

3. 张先生的家庭基本情况如下：张先生38岁，任职公交公司，年收入4万元，单位有基本社保；张太太37岁，在某公司任职出纳，年收入5万元；两人育有一子，13岁，正上初一；家庭日常开支每月约4 000元，儿子的学习支出1年约3 000元，预计将来大学费用约10万元。孝敬老人和亲戚间人情往来1年大约2 000元。

保险需求：

（1）张先生、张太太需要获得额外的医疗、养老保障；

（2）想为儿子建立教育基金，满足将来上大学需要；

（3）保险支出不能超过家庭收支节余的40%。

请你根据现有的保险产品，为张先生一家设计保险方案。

4. 咨询某一银行是否有代销某种或某几种类型的保险理财产品，并咨询其相关投资手续和收益情况。

参考文献

1. 大众理财顾问杂志社：《大众理财实战宝典》，机械工业出版社 2005 年版。

2. 张文武：《证券理财理念教养》，吉林大学出版社 2007 年版。

3. 周一：《奔奔族理财》，清华大学出版社 2007 年版。

4. 王琳：《老两口理财》，中国经济出版社 2005 年版。

5. 王再全：《一生的理财计划》，北京大学出版社 2007 年版。

6. 李才全、龙高高：《送给孩子的第一堂理财课》，甘肃人民出版社 2006 年版。

7. 盛雪：《致富要趁早》，企业管理出版社 2008 年版。

8. 陈炳煌：《金融基础知识》，中国财政经济出版社 2007 年版。

9. 唐旭、戴小平：《商业银行经营管理》，西南财经大学出版社 2000 年版。

10. 张玲：《商业银行个人金融业务》，中国金融出版社 2007 年版。

11. 霍文文：《商业银行个人理财业务》，上海人民出版社 2007 年版。

12. 王稳：《外汇交易与管理》，对外经济贸易大学出版社 2003 年版。

13. 吴晓求：《证券投资学》，中国人民大学出版社 2003 年版。

14. 谷有利：《证券投资实务》，中国纺织出版社 2008 年版。

15. 邢恩全：《证券投资禁忌 50 例》，电子工业出版社 2006 年版。

16. 众城：《一个操盘手的心得》，海南出版社 2007 年版。

17. 刘树军：《理财产品指南》，中国金融出版社 2008 年版。

18. 陈连华：《香港金融理财产品手册》，上海财经大学出版社 2006 年版。

19. [英] 基思·雷德黑德（Keith Redhead）著，董波译：《个人投资方法》，中国人民大学出版社 2006 年版。

20. [美] 迈克尔·德宾（Michael Durbin）著，崔明香译：《金融衍生品入门》，中国青年出版社 2008 年版。

21. 杨迈军、汤进喜：《金融衍生品市场的监管》，中国物价出版社 2001 年版。

22. 武政莲：《实战期货——从入门到精通》，经济管理出版社 2009 年版。

23. 陈信华、叶龙森：《金融衍生品——天使抑或恶魔》，上海财经大学出版社 2007 年版。

24. 汪昌云：《金融衍生工具》，中国人民大学出版社 2009 年版。

25. 施兵超：《金融衍生产品》，复旦大学出版社 2008 年版。

26. 郑炜华：《保险学基础》，东北财经大学出版社 2008 年版。

27. 吴定富：《保险基础知识》，中国财政经济出版社 2006 年版。

28. 其他相关资料参考来源：搜狐网站，东方财富网，证监会、保监会、银监会网站，其他相关财经网站。